예비 유아교사를 위한

유아교육실습

강 명 화

창지사

머리말

교육실습은 교사가 되기 위해 필수적으로 이수해야 하는 교직 교과목으로 실제 교육현장에서의 교육 경험을 의미한다. 예비 유아교사들에게 실습 경험은 대학에서 배웠던 지식을 교육현장에서 교수활동, 유아들과의 상호작용, 행정실무 등을 수행하기 위해 실제로 활용하고 구체적 기술 및 태도를 익히는 좋은 기회가 된다. 더욱이 교육실습 경험은 예비 교사들이 향후에 구성하는 유아교사직에 대한 인식, 자신의 정체성 및 효능감에 많은 영향을 미친다. 따라서 교육실습은 단순히 자격증 취득을 위한 절차나 교사로서의 첫 경험이 아닌 진정 의미 있는 학습 경험이 되어야 하며, 교사로서의 교육철학을 정립하는 데 의미 있는 활동이 되어야 한다. 이를 위해서는 실습기간 동안 긍정적인 경험을 하는 것이 중요하다. 실습생들이 교육실습을 성공적으로 수행하도록 하는 것, 교육실습에 필요한 기본적인 지식과 기술 및 태도를 전달하는 것이 이 책의 목적이다. 따라서 『예비 유아교사를 위한 유아교육실습』은 기존에 배웠던 이론적인 내용을 기술하기보다 실습 전 실습생들이 반드시 알아야 할 교육실습에 대한 실제적 정보를 제시하고자 노력하였다. 그리고 교육실습 순회지도, 산학협력 협의회 등을 통해 기관장님들의 요구를 수렴하여 이 책의 구성에 녹이고자 하였다.

먼저, 『예비 유아교사를 위한 유아교육실습』은 교육실습생이 교육계획안 작성 시 참고할 수 있도록 교육계획안을 예시로 제시하였으며, 자신이 작성한 수업계획안에 대해 자기평가를 할 수 있도록 활동 유형별 평가기준표를 수록하였다. 이를 통해 실습생이 수업안 작성 시 범하기 쉬운 실수를 미연에 방지할 수 있도록 하였다.

Preface

둘째, 유아교육현장에서의 요구가 가장 많았던 실습생들의 실습에 임하는 태도 및 준비사항에 대해 비교적 자세히 기록하였다. 그리고 교육실습생 스스로 자신의 교육실습 태도를 평가할 수 있도록 체크리스트를 제시함으로써 자신의 교육실습과정에 대해서 수시로 점검해 보고 자신의 부족한 점을 반성적으로 사고하며 보완하는 태도를 가지도록 하였다.

셋째, 유치원 정교사 취득기준뿐 아니라 보육교사 취득기준, 유치원 원감, 원장 및 어린이집 원장의 자격기준을 함께 정리하였다. 이는 유아교사자격증 취득을 위한 학점 및 교과목을 점검할 수 있도록 돕는 동시에 예비 유아교사들이 유아교육 전문가로서의 로드맵을 구상하기를 바라는 저자의 마음을 실었다.

다른 시기의 교육에 비해 교사의 자질에 의해 크게 영향을 받는 유아교육은 교사의 태도 및 역량이 아주 중요하다. 이 책을 통해 예비 유아교사들이 실습기간 동안 성공적인 실습 경험을 하고, 교사가 지녀야 할 자질과 전문성을 가진 교사로 발돋움하는 데 도움이 되기를 희망한다.

『예비 유아교사를 위한 유아교육실습』의 출판을 앞둔 지금 저자로서 아쉬운 점이 남지만 부족한 부분에 대해서는 앞으로도 꾸준히 보완·개정하고자 한다. 아울러 나의 사랑하는 가족과 이 책이 출간되기까지 지원해 주신 동료 교수님들, 그리고 창지사의 관계자 여러분께 감사의 마음을 전한다.

2017년 1월

저자 씀

차례

Contents

PART 1 유아교육실습의 이해

CHAPTER 1

유아교육실습의 개념

교육실습은 예비 유아교사를 대상으로 일정 기간 실시되는 교사 양성 교육(pre-service education)과정의 하나이다. 영문으로는 'educational practice', 'practice teaching', 'student teaching' 등으로 표현하고, 실습생은 'student teacher'라고 한다. 영문에서 짐작할 수 있듯이 예비 유아교사에게 교육실습은 실제 교육현장에서의 교육 경험 연습 또는 훈련이며 교사의 직분으로서 유아를 만나는 첫 경험이다. 하지만 교육실습은 예비 교사 교육과정의 훈련 프로그램인 동시에 유아교육과정이기도 하다. 교육실습은 예비 유아교사의 입장에서는 '실습'이지만, 유아의 입장에서는 '교육'이기 때문이다. 이렇듯 교육실습은 학교에서 이수하는 수업교과이면서 동시에 현장에서 실습생이 수행하는 교육활동이다. 따라서 교육실습은 교사 양성을 위한 실용강좌(practicum)로서 교사 양성 교육과 현직교육의 연계 역할을 하여야 한다.

이러한 주장에 따라 최근의 교육실습은 학생이 현장에서 유아들과 직접 상호작용하고 실제 수업을 진행하며 학급을 운영하고 부모와 상호작용하는 과정에서 발생하는 다양한 문제를 이해할 수 있는 기간으로 이해된다. 교육 행위와 교육현상에 관해 문제의식을 가지고 직접 탐색할 수 있는 기간으로 이해하는 것이다. 즉, 교육실습은 교직을 희망하는 학생이 대학의 지도교수와 실습학교 지도교사의 지도를 받으며 실제 교육현장에서 교사로서의 역할을 경험해 보는 교육활동으로 정의할 수 있으며, '교사 양성 교육과정의 한 요소로 예비 교사가 교사로서 갖추어야 할 지식, 기술, 태도 등을 실제 교육현장에서 직·간접적인 경험을 통해 배우는 모든 과정'을 의미한다(윤기영 외, 2011).

CHAPTER 2

유아교육실습의 목적 및 의의

교육실습은 유아교사로서 교직에 대한 태도를 갖추고 올바른 교직관을 확립하며 대학에서 배운 교육적 지식을 교육현장에 적용하고 심화시킨다는 점에서 의의가 있다. 유능하고 바람직한 교사의 양성은 대학에서 경험하는 교과 관련 지식과 이론의 바탕 위에 교육실습이라는 교육현장의 실제적인 경험을 접목함으로써 가능하기 때문이다. 교육실습을 통하여 학생들은 유아교육현장에서 교수방법을 적용해 보고 유아 및 동료 교사와의 관계 형성 및 기타 행정적 사무 수행 등 다양한 현장 경험을 통해 유아교사로서 준비를 갖추게 된다. 따라서 교육실습 교과의 이수는 학교에서 익힌 다양한 교육적 경험과 유아교육현장을 연결하는 매우 의미 있는 과정이다. 이와 같이 교육실습은 교육현장에서의 체험을 통하여 교사로서 필요한 능력과 태도, 소양 등을 함양하는 데 그 목적이 있다. 교육실습의 목적 및 의의를 좀 더 자세하게 살펴보면 다음과 같다.

우선 교육실습의 목적은 법규적 측면에서 정교사 자격증을 취득하기 위한 것이다. 즉, 교사는 「교육공무원법」(1981. 11. 23., 법률 제3458호) 제6조(교사의 자격)의 규정에 따라 대학의 교원을 제외한 모든 학교의 교사는 대통령령에 따라 교육부장관이 수여하는 소정의 자격증을 받은 자이어야 한다. 각종, 각급 학교의 교사가 되기 위해서는 교사를 양성하는 교육기관, 즉 교육대학, 사범대학, 전문대학에서 교직과정을 이수해야 하며 학생들은 필수적으로 교육실습의 과정을 이수하여야 한다.

또한, 예비 교사들은 교육실습을 통하여 대학에서 경험할 수 없는 교육현장의 구체적이고 다양한 실제를 배우고 교사로서 갖추어야 할 지식과 기술, 태도 등을 배울 수 있다. 교육실습을 통하여 대학에서 배웠던 이론 및 교수방법들을 실제에 적용해 보고 현장의 지도교사를 관찰하며 교수-학습방법에 대한 새로운 지식 및 구체적인 기술을 익힐 수 있으며, 교육현장에서 유아-유아, 유아-교사, 교사-교사, 교사-학부모, 교사-관리자 등 다양한 관계 간 상호작용을 통해 새롭고 성숙한 인간관계를 형성해 나갈 수 있다. 이러한 점에서 실습은 교사가 되기 위한 준비 단계에서 교육현장의 실제를 체험하는 직전(職前)교육의 필수과정이라고 할 수 있다.

교육실습의 의의는 다음과 같다.

첫째, 대학에서 배우고 익힌 전공교육을 실제의 교육현장에서 적용하고 연습하고 응용함으로써 교사로서의 전문성을 함양할 수 있다.

둘째, 대학교육에서는 경험할 수 없는 다양한 현장의 실제를 경험하며 교사가 수행하는 역할을 직접적으로 경험해 봄으로써 현장감을 체득하게 한다.

셋째, 교육현장의 다양한 인간관계와 물리적 환경을 경험함으로써 더욱 성숙한 인간관계를 형성하며 교육현장의 실내·외 환경에 대한 이해를 증진할 수 있다.

넷째, 교직에 대한 적성이나 능력을 검증해 보고 자기평가를 통하여 교직에 대한 태도와 소양을 함양할 수 있다.

다섯째, 교육실습 경험을 통해 예비 교사로서 장차 현업에 적응할 수 있는 현장 적응력을 함양하여 유능한 교사로서의 자질과 능력을 함양할 수 있다.

CHAPTER 3

유아교육실습의 유형과 특성

교육실습은 다양한 형태로 운영되나, 교육현장의 현장감을 익히고 교육 효율성을 높이기 위해 대부분 '사전실습, 정규실습, 추후실습'으로 구분되어 단계적으로 운영되고 있다.

[표 3-1] 유아교육실습의 단계

구분	사전실습	정규실습	추후실습
		관찰-참여-실제 지도	
실습시기	정규실습 실시 전	유아교육기관의 지도와 방침에 따라 운영	정규실습 실시 후
담당	대학, 유아교육기관	유아교육기관 (대학에서의 순회지도)	대학, 유아교육기관

1 사전실습

사전실습(pre student-teaching)은 교육실습의 한 과정으로 정규실습을 실시하기 이전에 단기적 또는 일시적으로 실시되는 실습을 의미한다. 따라서 사전실습은 학생들이 정규실습을 하기 전에 미리 유치원을 방문하여 현장의 교사 및 유아들과의 만남을 통해 현장감을 익히는 과정이라고 할 수 있다. 예비 교사들이 대학에서 전공 교과목을 충분히 이수하였다고 해도 유아교육현장에 대한 경험이 전혀 없는 상태에서 정규실습에 임한다는 것은 유아교육기관과 실습학생 모두에게 어려움이 예상되기에 결코 바람직하다고 할 수 없다.

사전실습은 독립된 교과를 개설하여 학생들이 유아교육현장에서 다양한 경험을 체계적으로 할 수 있도록 지도하는 경우가 있고, 정규 교과목은 아니지만 대학과 유아교육기관이 상호 협약하여 단기적인 형태의 사전실습을 경험하기도 한다. 최근에는 학생들이 '교육봉사(60시간 이상)' 과목을 통해 자연스럽게 유아교육현장에 접근하고 다양한 경험을 하게 되는데 이러한 활동도 넓은 의미에서 사전실습으로 볼 수 있다. 학생들이 사전실습에서 교사들의 활동을 관찰하거나 학급의 보조 활동 등을 하면서 유아교육 프로그램과 유아의 발달에 대해 이해하는 것은 향후 정규실습을 수행하는 데 있어서의 자신감과 교사로서의 유능감을 획득하는 데 매우 도움이 된다.

일반적으로 사전실습에서 이루어지는 주요 실습내용은 비참여 관찰실습과 참여 관찰실습으로 나누어 살펴볼 수 있다. 비참여 관찰실습은 유아교육현장에 직접 참여하지 않고 관찰실에서 관찰하는 것을 말하며, 학생들은 교사와 유아들이 학급에서 어떻게 활동하고 있으며 학습 안에서 무슨 일이 일어나고 있는지를 제3자의 입장에서 관찰하는 것이다. 학생들은 일정 기간 동안 교사의 지도방법, 유아와의 상호작용, 유아들의 다양한 행동반응 등을 관찰, 기록하고 현장교사들의 피드백을 받으며 유아교육의 현장감을 익혀 간다. 비참여 관찰의 과정이 끝난 후에는 참여 관찰을 경험하게 된다.

참여 관찰은 학생들이 직접 학급의 활동에 참여하여 유아들과의 상호작용을 경험하는 것이다. 학생들은 참여 관찰을 통하여 유아교육현장을 직접 체험함으로써 정규실습에 대한 두려움을 해소하고 예비 교사로서 유능감을 습득해 나간다. 참여 관찰 기간에 교사는 사전실습에 임하는 학생들에게 다양하고 구체적인 현장의 정보를 제공하고, 학생들은 기관에서 수집한 정보를 토대로 정규실습에 대한 계획을 세우게 된다.

2 정규실습

정규실습(regular student-teaching)은 교사 자격을 취득하기 위해서 반드시 이수해야 하는 필수 교직과목으로 대개 4주간 유치원에서 교사 역할을 수행하게 되며 흔히 교생실습이라고 말한다. 유아교육기관에서 신분은 실습생이지만 유아들과의 상호작용 과정에서는 교사 역할을 수행하게 된다.

유아교육기관에서는 대학과 협의하여 교육실습 프로그램을 준비하고 실습생을 지도할 실습 지도교사(1급 정교사)를 배정하여 정규실습을 운영하게 된다. 실습 지도교사는 실습 프로그램에 대한 정보를 실습생에게 제공하고 실습 시 발생하는 문제점들을 검토하고 조정하여 현장실습이 원활하게 이루어질 수 있도록 돕는다. 지도교사는 교육실습에서 실습생과 가장 밀접한 관계를 맺고 실습생이 의존하게 되는 매우 중요한 사람이다. 지도교사가 실습생에게 제공하는 실습기관 및 활동에 대한 정보와 실습생의 교육활동에 대한 지도와 조언, 그리고 교사로서의 모델 역할은 이후 실습생의 교육실습 성패를 좌우하게 된다.

정규실습은 일반적으로 관찰(참관) 단계 – 참여 단계 – 실제 지도의 단계로 진행된다. 정규실습에 대한 단계별 내용은 '제6장 실습 중: 운영 단계'에 소개되어 있다. 정규실습에 대한 일반적인 계획과 일정은 [표 3-2]와 같다.

[표 3-2] 정규실습 주차별 계획 내용

주	현장실습내용	
1주	관찰 및 참여실습	• 기관 소개 및 오리엔테이션 • 교육실습 안내 및 참관 활동 • 보조교사 역할 및 환경 정리 • 유아 행동관찰 기록 및 차주 실습활동계획
2주	참여 및 실제 실습 (부분수업)	• 기관 활동 참관 및 보조교사 역할 • 환경 정리, 교재 연구 및 부분수업 준비 • 부분수업 및 평가 • 차주의 실습활동계획
3주	참여 및 실제 실습 (연계수업)	• 부분수업 및 보조교사 역할 • 환경 정리, 교재 연구 및 부분수업 준비 • 연계수업 및 평가 • 전체수업 계획
4주	참여 및 실제 실습 (전일수업)	• 전체수업 및 평가 • 실습 종합평가회

3 추후실습

추후실습(post student-teaching)은 정규실습 종료 후 실습생과 유아교육기관 또는 대학과의 상호 협의에 의하여 실시하는 실습을 의미한다. 대개 단기간 또는 간헐적으로 유아교육현장에서 보조교사의 역할을 수행하거나 부분수업 활동을 수행하는 형태로 이루어진다.

추후실습은 실습생에게 정규실습 활동 중 알게 된 자신의 부족한 부분을 개선하고 보완하는 기회를 제공한다. 이를 통해 실습생은 유아교사로서의 전문성을 향상시킬 수 있다. 또한, 추후실습은 정규실습에서는 경험할 수 없는 다양한 교사의 교수-학습 활동을 경험할 수 있다.

CHAPTER 4
유아교육실습의 법적 근거

1 유치원 정교사 자격증 취득

우리나라의 유아교육실습은 「교원자격검정령 시행규칙」(교육부, 2016)과 「교원자격검정 실무편람」(교육부, 2017)에 의해서 실행되고 있다. 「교원자격검정령 시행규칙」에는 최소 4학점의 교육실습을 이수하도록 명시되어 있다. 「교원자격검정 실무편람」에는 학점당 시간, 교육실습 면제 범위, 교육실습 학년 및 시기, 협력학교 선정방법 및 인정 범위 등이 명시되어 있다. 「교원자격검정 실무편람」의 구체적인 내용을 살펴보면, 교육실습은 80시간 이상을 1학점으로 인정하고 봉사는 30시간 이상을 1학점으로 인정하며, 교육실습 실시 학년 및 시기는 대학이 자율적으로 결정하도록 한다. 실습학교는 「유아교육법」(2016)에 의해서 설립된 유치원으로 하되, 대학에서 책임지고 선정하게 되어 있다. 유치원 정교사 자격증 취득을 위한 규정 및 유아교육실습 관련 규정과 내용을 정리하면 다음과 같다.

1) 유치원 정교사 자격기준

종별	자격기준
정교사 (1급)	1. 유치원 정교사(2급) 자격증을 가진 자로서 3년 이상의 교육경력을 가지고 소정의 재교육을 받은 자 2. 유치원 정교사(2급) 자격증을 가지고 교육대학원 또는 교육부장관이 지정하는 대학원의 교육과에서 유치원 교육과정을 전공하여 석사학위를 받은 자로서 1년 이상의 교육경력이 있는 자
정교사 (2급)	1. 대학에 설치하는 유아교육과 졸업자 2. 대학(전문대학 및 이와 동등 이상의 각종 학교와 「평생교육법」 제31조 제4항에 따른 전문대학 학력인정 평생교육시설을 포함한다) 졸업자로서 재학 중 소정의 보육과 교직학점을 취득한 자 3. 교육대학원 또는 교육부장관이 지정하는 대학원의 교육과에서 유치원 교육과정을 전공하고 석사학위를 받은 자 4. 유치원 준교사 자격증을 가진 자로서 2년 이상이 교육경력을 가지고 소정의 재교육을 받은 자
준교사	1. 유치원 준교사 자격검정에 합격한 자

출처: 법제처 홈페이지. 「유아교육법」(2016) 제22조 제2항 관련 [별표2].

유치원 원감, 원장 자격기준

[원장]

1. 유치원의 원감 자격증을 가지고 3년 이상의 교육경력과 소정의 재교육을 받은 자
2. 학식, 덕망이 높은 자로서 대통령령이 정하는 기준에 해당한다고 교육부장관의 인정을 받은 자

[원감]

1. 유치원 정교사(1급) 자격증을 가지고 3년 이상의 교육경력과 소정의 재교육을 받은 자
2. 유치원 정교사(2급) 자격증을 가지고 6년 이상의 교육경력과 소정의 재교육을 받은 자

출처: 법제처 홈페이지. 「유아교육법」(2016) 제22조 제1항 관련 [별표 1].

2) 유치원 교사 무시험검정 합격기준

구분	2009~2012학년도 입학자 (2011~2014학년도 편입학자 및 재입학자 포함)	2013~2016학년도 입학자 (2015~2018학년도 편입학자 및 재입학자 포함)	2017학년도 이후 입학자부터 (2019학년도 편입학자 및 재입학자 포함)
전공 과목	• 50학점 이상 – 기본 이수과목 21학점 (7과목) 이상 포함 – 교과교육 영역 8학점 (3과목) 이상 포함	• 50학점 이상 – 기본 이수과목 21학점 (7과목) 이상 포함 – 교과교육 영역 8학점 (3과목) 이상 포함	• 50학점 이상 – 기본 이수과목 21학점 (7과목) 이상 포함 – 교과교육 영역 8학점 (3과목) 이상 포함
교직 과목	• 22학점 이상 – 교직이론 14학점 – 교직소양 4학점 – 교육실습 4학점 (교육봉사활동 2학점 이내 포함 가능) • 4학점 이상 – 교육학개론(2학점) – 실기교육방법론(2학점)	• 22학점 이상 – 교직이론 12학점 – 교직소양 6학점 – 교육실습 4학점 (교육봉사활동 2학점 이내 포함 가능) • 4학점 이상 – 교육학개론(2학점) – 실기교육방법론(2학점)	• 22학점 이상 – 교직이론 12학점 – 교직소양 6학점 – 교육실습 4학점 (교육봉사활동 2학점 이내 포함 가능) • 4학점 이상 – 교육학개론(2학점) – 실기교육방법론(2학점)
성적 기준	• 졸업 전체 평균성적 75점 이상	• 전공과목 평균 75점 이상 • 교직과목 평균 80점 이상	• 전공과목 평균 75점 이상 • 교직과목 평균 80점 이상
교직적성 및 인성검사	• 1회 이상	• 2회 이상	• 2회 이상
응급처치 및 심폐 소생술	• 2회 이상	• 2회 이상 (2016학년도 입학생부터 학년도별 1회만 실습 횟수로 인정)	• 2회 이상 (학년도별 1회만 실습 횟수로 인정)

출처: 교육부 홈페이지. 「교원자격검정령」(2015) 제12조 제1항 관련 [별표1]; 교육부 홈페이지. 「교원자격검정령 시행규칙」(2016) 제112호 관련 [별표3].

3) 교과목 이수

(1) 전공 교과목 이수(2017학년도 이후)

영역	과목	이수 학점
기본 이수과목	유아교육론, 유아교육과정, 영유아발달과 교육, 유아언어교육, 유아사회교육, 유아과학교육, 유아수학교육, 유아동작교육, 유아놀이지도, 유아교육기관운영관리, 부모교육, 유아안전교육	7과목 (21학점)
교과교육 영역	교과교육론, 교과교재 연구 및 지도법, 논리 및 논술에 관한 교육, 기타 교과교육 영역	3과목 (8학점)
전공과목	전공교과목(기본 이수과목 21학점 이상 포함)	50학점 이상

출처: 교육부 홈페이지. 「교원자격검정령 시행규칙」(2016) 제112호 관련 [별표3].

(2) 교직 교과목 이수

영역	과목	이수 학점
교직이론	교육학개론, 교육과정, 교육철학 및 교육사, 교육평가, 교육방법 및 교육공학, 교육심리, 교육사회, 생활지도 및 상담, 교육행정 및 교육경영	12학점(6과목) 이상
교직소양	특수교육학개론(2학점 이상, 영재교육 영역 포함), 교직실무(2학점 이상), 학교폭력예방 및 학생의 이해(2학점 이상)	6학점 이상
교육실습	학교현장실습(2학점 이상), 교육봉사활동(2학점 이내 포함 가능)	4학점 이상

출처: 교육부 홈페이지. 「교원자격검정령 시행규칙」(2016) 제112호 관련 [별표3].

(3) 교육실습 규정 및 내용

교육실습 관련 규정	내용
교원자격검정령 시행규칙 (교육부, 2016)	• 교육실습 4학점 이상 (교육봉사활동 2학점 이내 포함 가능)
교원자격검정 실무편람 (교육부, 2017)	• 학교현장실습은 1학점당 80시간 이상 (교육봉사활동은 1학점당 30시간 이상) • 복수전공에 의하여 둘 이상의 교사자격증을 취득하고자 하는 경우 자격 종별에 상관없이 1회만 실시 • 학교현장실습 실시 학년 및 시기 등은 대학에서 자율적으로 결정 • 현장실습 협력학교 선정은 대학이 책임지나, 학생이 희망하는 경우 개별적으로 선정 • 학교현장실습은 「유아교육법」 제2조에 의해 설립된 유치원에서 실시 가능

출처: 교육부 홈페이지. 「교원자격검정령 시행규칙」(2016) 제112호 관련 [별표3].

4) 교육실습의 인정

기준	학교현장실습	교육봉사
교육실습 기준 시간	• 전일제로 실시하는 경우 1학점당 2주로 하며, 학점당 기준 시간 적용을 제외함(학교현장실습 기간 중 공휴일 등이 포함될 수 있음) • 실습기간이 연속되지 않은 학교현장실습은 1학점당 80시간 이상을 기준으로 함	1학점당 30시간 이상을 기준으로 함
교육실습 실시 가능 기관	• 「유아교육법」 제2조에 의해 설립된 유치원 • 「영유아보육법」에 의한 어린이집에서는 학교현장실습 불가함	학교현장실습 실시 가능 학교 전체

출처: 교육부 홈페이지. 「교원자격검정령 시행규칙」(2016) 제112호 관련 [별표3].

2 보육교사 자격증 취득

우리나라의 보육실습은 「영유아보육법」(보건복지가족부, 2009) 제12조 제1항에 의거하여 실행되고 있다. 보육교사의 인성 및 자질 향상을 위해 2016년에 개정된 「영유아보육법 시행규칙」 일부 개정령안은 2016년 8월 1일부터 시행되었으며, 보육 관련 교과목 및 이수 학점은 종전의 '17과목(51학점) 이상'에서 '22과목(65학점) 이상'으로, 그리고 교육영역 및 영역별 필수 교과목이 변경되었다. 또한, 보육실습 기준이 '정원 15명 이상 어린이집에서 4주 160시간 실습'에서 '정원이 15명 이상이며, 평가인증을 유지하는 어린이집에서 6주 240시간 실습'으로 강화되었다.

이 개정안은 2017년 1월 1일 이후 입학자부터 적용되나, 2017년 1월 1일 이전 입학자라도 개정 대면 교과목 및 보육실습을 2017년 1월 1일 이후에 이수하게 되면 바뀐 기준에 따라 이수해야 한다. 교육영역 및 영역별 필수 교과목의 변경에 대해서는 '보육교사 자격 관련 교과목 및 학점'에서 좀 더 자세히 살펴보고자 한다.

1) 보육교사 자격기준

종별	자격기준
1급	1. 보육교사 2급 자격을 취득한 이후 3년 이상의 보육업무 경력이 있는 사람으로서 보건복지부장관이 정하는 승급교육을 받은 사람 2. 보육교사 2급 자격을 취득한 후 보육 관련 대학원에서 석사학위 이상을 취득하고 1년 이상의 보육업무 경력이 있는 사람으로서 보건복지부장관이 정하는 승급교육을 받은 사람
2급	1. 전문대학 또는 이와 같은 수준 이상의 학교에서 보건복지부령으로 정하는 보육 관련 교과목 및 학점을 이수하고 졸업한 사람 2. 보육교사 3급 자격을 취득한 후 2년 이상의 보육업무 경력이 있는 사람으로서 보건복지부장관이 정하는 승급교육을 받은 사람
3급	1. 고등학교 또는 이와 같은 수준 이상의 학교를 졸업한 사람으로서 보건복지부령으로 정하는 교육훈련시설에서 정해진 교육과정을 수료한 사람

출처: 법제처 홈페이지. 「영유아보육법 시행령」 제21조.

어린이집 원장 자격기준

1. 보육교사 1급 자격을 취득한 후 3년 이상의 보육 등 아동복지업무 경력이 있는 사람
2. 「유아교육법」에 따른 유치원 정교사 1급 자격을 취득한 후 3년 이상의 보육 등 아동복지업무 경력이 있는 사람
3. 유치원 원장의 자격을 가진 사람
4. 「초·중등교육법」에 따른 초등학교 정교사 자격을 취득한 후 5년 이상의 보육 등 아동복지 업무경력이 있는 사람
5. 「사회복지사업법」에 따른 사회복지사 1급 자격을 취득한 후 5년 이상의 보육 등 아동복지업무 경력이 있는 사람
6. 「의료법」에 따른 간호사 면허를 취득한 후 7년 이상의 보육 등 아동복지업무 경력이 있는 사람

출처: 법제처 홈페이지. 「영유아보육법 시행령」 제21조.

2) 교과목 이수

(1) 보육교사 자격 관련 교과목 및 학점

① 2014년 ~ 2016년 입학자

영역	교과목	이수과목(학점)
보육 필수	아동복지(론), 보육학개론, 영아발달, 유아발달, 보육과정, 보육교사론	6과목 필수(18학점)
발달 및 지도	인간행동과 사회환경, 아동관찰 및 행동연구, 아동상담(론), 아동생활지도, 특수아동 이해, 장애아지도	1과목(3학점 이상)
영유아교육	놀이지도, 언어지도, 아동문학, 아동음악, 아동동작, 아동미술, 아동수학지도, 아동과학지도, 영유아프로그램 개발과 평가, 영유아교수방법(론)	6과목(18학점 이상)
건강 · 영양 및 안전	아동건강교육, 아동간호학, 아동안전관리, 아동영양학, 정신건강(론)	1과목(3학점 이상)
가족 및 지역사회 협력 등	부모교육(론), 가족복지(론), 가족관계(론), 지역사회복지(론), 보육정책(론), 보육시설운영과 관리	1과목(3학점 이상)
보육실습	보육실습	1과목 필수(3학점)
전체	17과목(51학점) 이상	

출처: 법제처 홈페이지. 「영유아보육법 시행규칙」 일부 개정령안(2010)(2014. 3. 1. 시행).

② 2017년 입학자부터

<table>
<tr><th>영역</th><th colspan="2">교과목</th><th>이수과목
(학점)</th></tr>
<tr><td>보육 필수</td><td colspan="2">보육교사(인성)론, 아동권리와 복지</td><td>2과목
(6학점)</td></tr>
<tr><td rowspan="2">보육 지식과 기술</td><td>필수</td><td>보육학개론, 보육과정, 영유아발달, 영유아 교수방법론, 놀이지도, 언어지도, 아동음악(또는 아동동작, 아동미술), 아동수학지도(또는 아동과학지도), 아동안전관리(또는 아동생활지도)</td><td>9과목
(27학점)</td></tr>
<tr><td>선택</td><td>아동건강교육, 영유아 사회정서지도, 아동문학교육, 아동상담론, 장애아지도, 특수아동이해, 어린이집 운영 관리, 영유아 보육프로그램 개발과 평가, 보육정책론, 정신건강론, 인간행동과 사회환경, 아동간호학, 아동영양학, 부모교육론, 가족복지론, 가족관계론, 지역사회복지론</td><td>4과목
(12학점)
이상</td></tr>
<tr><td>보육 실무</td><td colspan="2">아동관찰 및 행동연구, 보육실습</td><td>2과목
(6학점)</td></tr>
<tr><td>전체</td><td colspan="3">17과목(51학점) 이상</td></tr>
</table>

(주1) 교과목 명칭이 서로 상이하여도 교과목의 내용이 비슷하면 유사 교과목으로 인정. 보육실습은 교과목 명칭과 관계없이 보육실습기관, 보육실습기간의 조건을 충족하면 보육실습으로 인정
(주2) 각 교과목당 평가점수가 70점 이상인 경우에만 이수한 것으로 인정

출처: 법제처 홈페이지. 「영유아보육법 시행규칙」 일부 개정령안(2016)(2017. 1. 1. 시행), 보육교사 2급 중 대학의 경우.

(2) 대면 교과목

영역	교과목
교사 인성	보육교사(인성)론, 아동권리와 복지
보육 지식과 기술	놀이지도, 언어지도, 아동음악(또는 아동동작, 아동미술), 아동수학지도(또는 아동과학지도), 아동안전관리(또는 아동생활지도)
보육 실무	아동관찰 및 행동연구, 보육실습

(주) 대면 교과목은 8시간 이상 출석 수업, 1회 이상 출석시험을 실시

출처: 법제처 홈페이지. 「영유아보육법 시행규칙」 일부 개정령안(2016)(2017. 1. 1. 시행), 보육교사 2급 중 대학의 경우.

(3) 보육실습 규정 및 내용

교육실습 관련 규정	내용
영유아보육법 시행규칙 (보건복지부, 2010)	• 보육실습: 3학점 • 보육정원: 15명 이상 어린이집 또는 교육과정과 방과후 과정을 운영하는 유치원 • 지도교사: 보육교사 1급 혹은 유치원교사 1급 자격을 가진 자 • 실습기간: 1일 8시간, 4주, 160시간 이상(야간대학 등의 경우 실습을 2회에 나누어 실시 가능) • 공휴일이 2일 이상 포함된 경우 추가 실습 이수 • 실습 평가점수가 80점 이상인 경우만 실습 이수 인정
영유아보육법 시행규칙 (보건복지부, 2016)	• 보육실습: 3학점 • 보육정원: 15명 이상 어린이집 또는 교육과정과 방과후 과정을 운영하는 유치원 • 평가인증을 받은 기관 • 지도교사: 보육교사 1급 혹은 유치원교사 1급 자격을 가진 자, 실습 지도교사 1명당 보육실습생 3명까지 인정 • 실습기간: 1일 8시간, 6주, 240시간 이상(야간대학 등의 경우 실습을 2회에 나누어 실시 가능) • 공휴일이 2일 이상 포함된 경우 추가 실습 이수 • 실습 평가점수가 80점 이상인 경우만 실습 이수 인정

PART 2
유아교육실습의 과정

CHAPTER 5

실습 전: 계획 및 준비 단계

1 대학에서의 준비

대학은 효과적인 교육실습을 위해서 교육실습의 과정과 내용에 대하여 구체적인 계획을 세워야 한다. 대학에서는 교육실습생에게 도움이 될 만한 유아교육기관을 실습기관으로 선정하고, 실습생의 요구 및 특성을 고려하여 실습생을 배정한다. 그리고 실습생과 실습 지도교사에게 사전교육을 실시한다. 대학은 교육실습 전 실습기관과의 협의회를 마련하여 실습기관의 의견을 수용하고 대학의 요구를 전달하며 실습과정에 대하여 협의한다. 대학에서 교육실습을 위해서 준비해야 할 사항을 구체적으로 제시하면 다음과 같다.

1) 실습 전 대학에서의 일반적인 준비(박은혜 외, 2016: 138-139)

- 현장실습관리위원회의 조직 및 운영
- 현장실습 시기 및 내용 계획
- 현장실습 평가 및 사전, 기간 중, 사후지도의 방법 결정
- 현장실습기관 및 지도교사 선정, 대학 지도교수의 선정
  - 현장실습기관의 규모, 대학의 교육철학을 고려
  - 기관 및 지도교사의 현장실습생 지도 의지 고려

- 실습생 사전교육
- 관련 공문서 및 서류 준비
  - 교육실습 협력학교 지정 및 위촉
  - 현장실습생 명단과 실습 협조 공문
  - 실습평가서
  - 실습결과보고서
  - 현장실습 협조 사항

2) 실습생 사전교육

실습생의 사전교육 시 다루어져야 할 내용을 살펴보면 다음과 같다.

(1) 실습 시 유의사항

- 교육실습생은 정규실습을 하기 전, 배정된 실습 유아교육기관을 방문하여 인사를 하며, 교육실습에 대한 오리엔테이션 시간을 가지도록 한다.
- 실습 교육기관의 교육철학과 방침을 이해하고 교육실습기관의 규정과 지도에 따라 실습에 임한다.
- 교원으로서의 윤리강령과 교육실습생 윤리강령을 준수하고 교사의 품위를 지키도록 한다.
- 교육실습생의 행동으로 인하여 실습기관의 교육을 방해하거나 실습기관의 정상적인 운영에 폐가 되지 않도록 한다.
- 예의를 갖추며 올바른 언어를 사용하도록 한다.
- 실습기관의 지도교사로부터 부여받은 역할에 충실하며 허락 없이 자의로 유아들을 통솔하거나 통제하지 않는다.
- 실습 유아교육기관의 기밀이나 보안사항, 그리고 교사와 유아의 개인적이고 사적인 정보나 비밀을 누설하지 않도록 한다.

(2) 실습 시 지켜야 할 사항

교육실습에 임하는 실습생은 유아교육기관의 교사가 아니다. 실습생은 교육현장에서 교사로서의 기능과 역할을 수행하여 유아에게는 교사 역할을 하지만 아직은 유아교육에 대해 배우는 학생이다. 교사자격증을 취득하기 위해 교육실습이라는 필수 교직과목을 이수하는 과정에 있다는 점에서 오히려 교사보다는 학생의 입장이 더 강조된다. 따라서 교육현장의 경험을 통하여 배우는 학생으로서의 태도를 반드시 갖추어야 할 것이다. 실습생이 지켜야 할 사항은 다음과 같다.

- 출·퇴근 시간을 준수하며 대개 출근 시간은 정해진 시간보다 10~30분 일찍 출근하여 실습생 출근부에 날인하고 당일의 실습을 준비하도록 한다.
- 유아교육기관에서의 생활은 만나는 모든 사람(원장, 교사, 유아, 외부인 등)과 인사로 시작하여 인사로 끝맺는다.
- 실습생의 용모와 복장은 유아교육기관의 지시를 따르되, 지시가 없는 경우 단정하고 활동하기 편하게 유지한다.
- 명찰은 반드시 착용하며 교사로서의 품위를 손상하지 않도록 언어 사용에 주의한다. 특히 동료 학우와 같이 실습을 하는 경우 학교에서 사용하는 습관적인 호칭이나 말투를 사용하지 않도록 주의한다.
- 유아교육기관의 학습자료, 비품이나 소모품 등을 사용할 경우 반드시 지도교사나 유아교육기관 관계자의 허락을 받은 후에 사용한다.
- 실습기간 중 결근이나 지각을 해서는 안 되며, 필요한 경우 꼭 사전에 기관의 승낙을 받아야 한다. 그리고 대학에도 알리도록 한다. 조퇴나 외출이 필요한 경우 기관 책임자에게 사전에 보고하여 승낙을 얻도록 한다.
- 실습기간 중에는 실습기관의 지시를 따르며 실습기관과 지도교사의 연락처는 반드시 확보하여 비상시 또는 도움이 필요한 상황이 발생했을 때 소통할 수 있도록 한다.
- 실습생은 항상 자신이 머물고 있는 공간을 정리·정돈하여 깨끗이 하고, 청소상태

를 점검한다.

- 휴식시간에 다른 사람의 눈을 피하여 오락을 하거나 휴대전화를 사용하여 시간을 보내지 않도록 한다.
- 실습 중이거나 종료된 후 실습기관이나 교사와 유아, 기관의 정보 등과 관련하여 비밀유지가 필요한 경우 외부로 유출해서는 안 된다.
- 밝은 머리색, 진한 색조화장은 자제하고, 흡연은 철저히 삼간다.
- 퇴근 후에는 이성친구와의 만남이나 유흥을 삼간다. 특히 퇴근 후 유아교육기관 주변을 배회하지 않도록 한다.
- 기타 실습기관의 지침이나 근무 규정 등은 실습생에 대한 예외사항이 없는 한 준수하도록 한다.
- 현장실습기간 중 실습기관에서 해결하기 어려운 문제가 발생하면 대학에 알리고 지도교수의 조치를 따르도록 한다.

(3) 실습생의 역할과 책임

① 관찰자

- 유아교육기관의 환경을 관찰한다.
- 유아들의 연령에 따른 발달특성과 행동 특성을 관찰한다.
- 지도교사의 교수 행동 방법과 유아와의 상호작용을 관찰한다.
- 교육 프로그램의 전반적인 진행과정을 관찰한다.

② 보조교사

- 수업을 위한 교수 자료와 교재·교구 등의 자료 제작 및 준비를 돕는다.
- 교실 환경 정리 및 청결을 유지하도록 돕는다.
- 지도교사의 교육활동 진행을 돕는다.
- 유아 지도와 상호작용을 돕는다.
- 유아들의 안전한 생활이 이루어지도록 돕는다.

③ 교사

- 교육과정을 계획하고 실행한다.
- 교육과정 계획에 따른 교수 자료를 준비하고 제작한다.
- 유아를 지도하고 상호작용을 한다.
- 유아들의 건강, 안전, 영양을 살피고 지도한다.
- 교사로서의 역할을 평가하고 연구한다.
- 행정업무를 수행한다.

(4) 실습생의 태도 및 자세

① 실습생의 예의와 마음가짐

실습생은 교육실습이라는 필수 교직과목을 이수하는 학생이다. 따라서 자신의 실습을 위해 유아교육기관을 공개하고 지도교사를 배정하는 등 현장실습장을 제공한 유아교육기관의 관계자들에게 감사하는 마음을 가져야 한다. 교사로서의 품위와 실습생 개인, 그리고 대학의 명예를 손상하지 않도록 말투와 태도에 주의하며 예절바르게 행동하여야 한다.

② 실습기관의 지침과 규정의 수용

교육실습 과정에서 실습생들이 의문을 가지거나 고민하는 것으로 유아교육현장에서 일어나고 있는 일들과 대학에서 배운 교육내용과의 괴리감을 들 수 있다. 때로는 이론과 현실의 차이를 수용하지 못하여 실습을 수행하는 데 어려움을 겪기도 한다. 이론과 현실의 괴리감은 물리적인 교육환경이나 운영자의 교육철학, 유아교육기관의 특수성, 인적 구성원들의 교육관, 아동관, 가치관 등 여러 가지 요인이 복합적으로 영향을 미친다. 이러한 차이를 느낄 때, 학교에서 배운 것이 무조건 옳기 때문에 현장에서 개선이 되어야 한다고 주장을 굽히지 않거나 불만을 표출하는 것은 실습생으로서 올바른 태도라고 할 수 없다. 지도교사의 도움을 받으면서 실습기관의 지침이나 규정을 수용하여 또 다른 현장의 교육을 경험하도록 한다.

③ 지도교사를 훌륭한 멘토(스승)로 삼기

지도교사는 실습생의 실습을 책임지는 교사이자 실습의 성공과 실패를 좌우하는 가장 일차적이고 중요한 사람이다. 훌륭하고 유능한 지도교사와의 만남은 다른 어떤 교과나 교육내용보다 실습생이 가지는 교육관과 교직관에 평생의 귀감이 되기도 한다. 실습 중 일어나는 모든 일은 지도교사와 협의하고 해결책을 얻게 된다. 따라서 실습생은 지도교사의 조언과 지도를 수용할 마음가짐을 갖추고 스승의 예로써 대하여야 한다.

실습생과 지도교사와의 만남이 성공적이지 못하여 실습이 힘들어지거나 고통스러워지는 경우도 있다. 지도교사와 실습생이 교육관이나 가치관, 성격의 차이로 인하여 상호관계의 어려움이 나타날 수도 있으며, 학연이나 지연 혹은 실습기관 내의 복합적인 인간관계로 인하여 어려움이 나타날 수도 있다. 실습의 수행에 지장을 초래할 정도로 스트레스를 받는다면 지도교사와 실습생 상호 간의 의견의 조율이 필요하다. 지도교사의 의견을 존중하며 객관적 태도와 겸손한 자세로 지도교사에게 자신의 생각을 말하고 조언을 구한다. 직접적인 대화가 어려울 경우 중간 역할을 할 수 있는 다른 교사의 조언이나 협조를 구하는 방법도 있으며 지도교수와 상담을 통하여 해결하는 방법도 있다. 지도교사에 대해 간접적인 불평불만이나 비판을 표현하는 것은 삼가야 한다.

④ 품위 있는 행동

실습생의 행동은 교사의 품위를 손상시키지 않아야 한다. 언어는 표준어를 사용하고, 유아와 상호작용할 때나 실습기관의 교사 또는 동료 실습생과 대화할 때 언어사용에 주의한다. 실습기관이 정해 둔 지침이 있다면 이를 준수하며, 특별한 지침이 없다면 경어를 사용하도록 한다.

⑤ 일관성 있는 유아 지도

실습생과 유아들은 상호 호기심과 관심의 대상이며 특히 유아들은 담임교사와는 다른 눈으로 실습생을 대하게 되며 때때로 관심 끌기의 행동을 하기도 한다. 실습기관의 교육방침과 훈육방법 등에 익숙한 유아들이 실습생으로 인하여 교실에서 활동하며 규칙을 지키는 데 방해받지 않도록 주의한다. 실습생은 실습기관의 제 규정과 방침을 준수하고 따라야 하며 허락 없이 독단적으로 유아를 지도하거나 장소를 이동하는 일이 없도록 한다. 유아의 지도나 장소의 이동은 지도교사와 협의하여 허락을 받도록 하며 유아의 지지나 인기를 얻기 위한 선물공세나 유아의 행동을 무제한적으로 허용하여 실습기관의 정상적인 수업 분위기나 생활습관을 해치는 일이 없도록 한다.

⑥ 최선을 다하는 자세

교사는 유아에게 부모만큼이나 중요한 모방의 대상이다. 실습생 또한 유아에게 있어 중요한 모델이 된다. 따라서 실습기관에서 실습생이 보이는 모든 행동(언어적·비언어적)을 유아가 모방할 수 있다는 점에 유의하고 최선의 본보기가 되어야 한다.

또한, 실습생은 건강관리에 유의하여 실습기간에는 최상의 신체 컨디션을 유지하여 실습에 전념하여야 한다. 하루 실습일과를 마친 후에는 친구와 모임을 갖거나 이성친구와의 만남이나 음주 등의 행동을 자제하여 정규실습이 종료될 때까지 실습에만 집중하도록 한다.

(5) 실습생의 용모

실습생의 복장은 실습기관의 요청이 없는 한 단정하고 활동이 용이한 복장을 해야 한다. 너무 짧은 치마나 반바지, 너무 길어 바닥에 끌리는 바지, 배가 보이는 티셔츠, 몸매가 드러나는 스키니진, 속옷이 비치거나 저속한 표현이 새겨진 옷 등은 피한다. 또한, 요란한 장신구, 진한 화장, 화려한 색의 매니큐어, 긴 손톱 등에 주의한다.

2 실습기관에서의 준비

실습기관에서는 실습생을 맞이하는 방법, 실습생 사전교육 장소 및 담당자, 사전교육 자료, 실습 지도교사 선정, 실습지도 일정과 방법 등 교육실습에 관한 총체적이고 구체적인 계획이 필요하다. 교육실습기관에서의 실습 준비를 정리하여 제시하면 다음과 같다.

1) 기관 준비사항 및 실습생 사전교육

성공적인 교육실습을 위해 유아교육기관에서는 실습생에게 교육실습 오리엔테이션을 실시한다. 교육실습에 대한 전반적인 안내 자료나 지침서를 배부하거나 오리엔테이션 시간을 가지는 것이 바람직하다. 교육실습 오리엔테이션 내용에는 대개 유치원의 물리적 환경구성과 배치, 유치원의 인적 구성과 조직, 학급편성표, 일일 일과운영표, 교육실습계획표, 교육실습 지도계획, 교육실습생이 지켜야 할 규정과 주의사항 등을 포함한다.

① 실습기관 안내 및 지침서 마련
- 실습기관의 연혁, 교육이념, 운영방침
- 기관 연간 교육계획안, 월간 교육계획안
- 실습기관의 건물 배치 및 시설·설비 위치
- 시설·설비, 기자재, 자료의 사용방법 및 규칙
- 교직원 현황 및 조직표(교직원 이름 및 연락처)

② 학급 및 유아 정보 제공
- 실습생 학급 배정
- 실습생 배정 학급의 영유아 이름 및 특징 안내표
- 배정 학급의 운영방법 및 규칙

- 교육실습생의 역할 및 실습지침 안내

③ 실습 내용 및 일정 계획 안내

④ 실습생 근무태도 교육

- 실습생의 역할과 책임
- 실습생 근무상 유의사항(출·퇴근시간, 복장, 말씨, 태도, 점검사항)

2) 실습 지도교사의 배정 및 교육

교육실습을 수행함에 있어서 실습생에게 가장 중요하고 큰 영향을 미치는 인물은 실습생을 지도하는 교사이다. 지도교사의 지도역량과 실습지도에 대한 태도는 교육실습의 성패를 좌우하게 되며 지도교사의 배정은 실습생에게 매우 중요한 문제이다. 지도교사는 실습생이 교직과정에서 공식적으로 만나는 최초의 교사이며 중요한 모델이 된다. 따라서 지도교사는 유아교육 분야의 전문가이면서 올바른 교육관을 가지고 있어야 한다. 교사로서의 전문성은 뛰어나지만 교직 경력이 짧아 다양한 교육경험이나 실습지도 경험이 없는 교사와 교직 경력은 많으나 전문적 자질이 부족한 교사는 실습 지도교사로서 역할을 수행하는 데 어려움이 있을 것으로 예상된다. 특수한 교육환경을 제외하고 대개 3년 이상의 교직 경력을 가진 1급 유치원 정교사가 실습 지도교사로서 배정되어 지도교사의 역할을 수행하는 것이 일반적이다. 실습을 책임지고 지도하는 지도교사는 실습생의 교직 수행능력을 파악하여 교사로서 미숙한 점들을 지도하고 대학과의 협력을 통하여 실습이 가지는 목적을 달성할 수 있도록 돕는 역할을 수행하여야 한다.

실습생의 지도교사가 갖추어야 할 교사로서의 바른 자세를 살펴보면 다음과 같다 (김주건·조은미, 1995, 재구성).

실습 지도교사가 갖추어야 할 교사로서의 바른 자세

① 인간성
- 명랑하고 기쁜 마음으로 사람을 대해야 한다.
- 열과 성의를 가져야 한다.
- 단정하고 올바른 자세를 가져야 한다.
- 지적, 정서적으로 안정되고 균형이 잡혀 있어야 한다.
- 친절하고 품위가 있어야 한다.
- 타인을 이해하며 존중하는 수용적 태도를 가져야 한다.

② 음성과 화술
- 명확하고 적당한 크기의 음성과 적절한 억양을 지녀야 한다.
- 더듬지 않는 유창한 말솜씨가 있어야 한다.
- 전후의 화제 내용이 연결되며 정확하고 자연스럽게 이야기해야 한다.
- 하나하나의 낱말이 명확하며 발음이 정확해야 한다.

③ 어휘의 사용
- 자연스럽게 말하며 유아에게 적합한 언어를 사용해야 한다.
- 관용적인 표현을 잘 활용한다.
- 화제와 장소에 어울리는 단어를 사용하고 속된 말을 삼가야 한다.
- 철자법이 정확해야 한다.

④ 윤리적 표준
- 솔직하고 정직하고 성실해야 한다.
- 자기 자신을 통제하는 규준을 갖고 도덕적, 윤리적으로 합당하게 살아야 한다.
- 교사로서 소신이 있어야 한다.
- 자기 자신의 일과 가치를 자신이 평가하고 반성해야 한다.
- 더욱 높은 이상 실현을 위하여 일관성 있게 노력해야 한다.

⑤ 생각과 의식
- 진취적이고 능동적이어야 한다.
- 학습지도에 있어서는 준비성과 명확성이 있어야 한다.
- 자신의 발달에 따라 각각 밀접하게 필요한 점을 찾아야 한다.
- 자기발전이 이루어지도록 한다.
- 타인의 제안을 존중하고 긍정적으로 열린 마음으로 받아들여야 한다.
- 자신의 소신은 가지고 있되 필요하다면 개선할 줄 알아야 한다.

⑥ 신체적, 정신적 건강

- 은근과 끈기가 있어야 한다.
- 좋은 건강, 습관, 태도를 지녀야 한다.
- 정서적, 정신적으로 안정된 생활을 도모해야 한다.
- 신체적, 정신적으로 건전한 영향을 많은 사람에게 주어야 한다.

⑦ 학습지도를 위한 준비

- 그 학습과 관계있는 유아의 개인차를 알아 두어야 한다.
- 유아들의 여러 가지 다른 필요에 대하여 적절하고 알맞은 방법이 어떤 것들인가를 알아 두어야 한다.
- 유아를 위한 다양한 교수방법을 알고 활용할 수 있어야 한다.
- 학습지도의 준비, 계획, 학습내용, 진행, 그리고 시청각 자료에 관하여 자세하게 알아 두어야 한다.

⑧ 연구하는 자세

- 유아와의 대화법, 설명방법에 대해 연구해야 한다.
- 유아에게 하는 질문과 발문방법에 대해 연구해야 한다.
- 각 유아의 필요에 맞게 지도하는 기술과 방법에 대해 연구해야 한다.
- 예기치 않은 상황에 대처하는 기술과 방법에 대해 고민해야 한다.
- 일반적인 활동과 학습기간 활동에서의 평가법에 대해 알아야 한다.
- 조직적인 학습활동의 방법에 대해 알아야 한다.

3 실습생의 준비

현장실습에서 가장 중요한 역할을 수행하는 사람은 직접 실습에 임하는 실습생이다. 실습생은 대학에서 이론과 실기 관련 전공교과에 대한 이수와 실습에 대한 사전교육 등을 통하여 정규 현장실습을 준비하게 되지만 누구나 긴장하며 불안감(혹은 소수이지만 기대감)을 갖게 된다. 실습에 대한 스트레스를 극복하기 위해서는 실습에 대해 철저히 준비하고 실습생이 할 역할이 무엇인지 확인하고 점검하여 부족한 점을 보완하고 갖추는 일이 필요하다.

1) 현장실습기관에 대한 정보 파악(김경의 외, 2015: 16)

- 실습기관의 위치와 교통편, 소요시간
- 실습기관의 교육목표 및 프로그램, 시설 현황 및 교직원 현황, 학급 구성, 일과시간 구성
- 실습기관이 속한 주변 환경

2) 현장실습기관 사전 방문

실습생은 실습이 시작되기 전에 미리 실습기관을 방문해야 한다. 사전 방문 날짜와 시간은 실습기관과 약속을 통해 정하되 적어도 1주일 전에 연락을 한다. 사전 방문의 목적은 실습생이 정규실습을 원활하게 하기 위해 필요한 정보를 얻기 위함이다.

① 사전 방문 시 유의사항
- 예상 사전 방문일 1주일 전 연락하기
- 약속시간 지키기
- 옷차림을 단정하게 하기
- 필요한 서류나 자료 챙기기
  (학교의 공문, 실습생 신상카드[1], 자기소개서, 건강진단서 혹은 보건증)

1) 실습생 신상카드에 사진, 현주소, 연락처, 취미와 특기 등을 기술한다.

② 사전 방문 시 점검사항

— 실습기관의 실습 지침(출·퇴근시간, 실습생의 역할)

— 준비물(실습생 이름표, 실습일지 양식, 수첩, 필기도구, 실내화, 바깥놀이용 신발, 앞치마, 칫솔·치약 세트 등)

— 배정 학급의 현황, 지도교사 이름

— 실습기간 동안의 생활주제와 교육계획안에 따른 소주제, 행사, 교육·보육활동의 범위

③ 복장 및 교수활동 준비

— 수업(부분수업이나 전체수업)에 대한 자료, 특히 수업 자료의 준비에 많은 시간이 소요되는 교재·교구는 미리 마련하기

— 준비물(대학 공문, 이력서 및 자기소개서, 실습생 이름표, 실습일지, 수첩, 필기도구, 실내화, 바깥놀이용 신발, 앞치마, 칫솔·치약 세트 등) 마련하기

— 복장 마련하기

CHAPTER 6

실습 중: 운영 단계

1 하루 일과에 따른 실습생의 역할 및 태도

운영의 단계에서 실습생이 하루 일과 동안 해야 할 역할 및 태도는 다음과 같다(정연희 외, 2013: 33-35, 수정).

1) 등원 전

- 교실 창문을 열고 환기한다.
- 교실을 둘러보고 점검한다.
- 수업계획에 따라 교재·교구를 살펴보고 교사의 수업 준비를 돕는다.
- 기타 시설을 살펴본다.

2) 등원 시

- 현관 및 교실에서 인사를 하며 유아를 따뜻하게 맞이한다(유아교육기관마다 인사법에 차이가 있으므로 지도교사에게 미리 물어보고 지시에 따라 활동한다).
- 유아의 기분, 건강상태 등 특이한 점에 대한 사항을 확인하고, 부모에게서 전달받은 사항을 메모하여 교사에게 전달한다.
- 유아들이 옷을 벗고 정리하는 것을 돕는다.

- 유아들이 자기 물건을 제자리에 정리하고 출석카드 및 전달사항(쪽지, 투약의뢰서, 약 등)을 정리하는 것을 돕는다.

3) 실내 자유선택활동

- 유아들의 흥미 영역별 놀이 진행을 돕는다.
- 놀이를 하는 유아를 관찰하여 개인적 특성을 파악하고 유아의 놀이를 방해하지 않도록 주의하면서 적절한 방법으로 상호작용하려 노력한다.
- 놀이가 진행되는 동안 또래 간의 협력 및 상호작용을 격려하고 촉진하도록 노력한다.
- 적극적인 자세로 유아와 상호작용한다.
- 산만하거나 소극적인 유아를 찾아 활동을 돕는다.
- 교재·교구를 바르게 사용하도록 도와주고 정리·정돈 시 함께 돕는다.
- 유아들과 눈높이를 맞추도록 의자나 바닥에 앉아 활동한다.
- 관찰 수업 시 유아에게 지나친 관심을 표현하지 않는다.
- 일부의 유아에게만 집중하지 않는다.
- 유아들을 몰고 다니지 않는다.

4) 정리·정돈 및 화장실 다녀오기

- 정리·정돈 5분 전에 미리 알려 주어 하던 놀이를 마무리하도록 돕는다.
- 신호음과 함께 정리를 시작하고 정리·정돈이 즐거운 활동이 되도록 돕는다.
- 정리가 되지 않은 영역을 정리하도록 유아들을 격려한다.
- 유아들이 할 수 있는 일은 스스로 하도록 격려한다.

5) 바깥놀이

- 교실 이동 시 마지막 유아를 챙기고 뒤에서 유아의 안전을 살피며 함께 이동한다.
- 실외 환경의 안점을 점검하며 유아의 놀이를 살핀다.
- 다양한 영역에서 활동이 고르게 일어나도록 돕는다.
- 유아가 스스로 놀잇감을 정리하도록 하고 도움이 필요한 경우 돕는다.
- 유아가 다치거나 문제가 생겼을 경우 담임교사에게 바로 알리고 교사의 지시에 따라 처리한다.
- 교사끼리 대화하지 말고 유아들의 놀이 형태와 방법에 대해 관심을 갖는다.
- 수건, 휴지, 물 등을 챙겨 나간다.

6) 대집단 활동

- 대집단 활동 시 유아 대형 뒤편에 앉아서 참관하며, 집중하는 것을 어려워하는 유아에게 개별 도움을 제공한다.
- 지도교사가 수업을 진행할 때는 수업 및 유아들의 반응을 관찰한다.
- 수업 진행 시 이야기 나누기, 동화 감상, 동시 감상, 동극, 노래 부르기, 음률, 게임 등 다양한 활동을 계획하고 실시한다.
- 집단 활동의 특성과 내용에 따라 유아의 주의집중이 잘될 수 있도록 진행한다.
- 유아의 생각을 듣고 유아의 반응에 따라 상호작용을 적절하게 전개한다.
- 한 가지 활동을 진행하면서도 다양한 교수방법을 적용하고 유아의 집중시간을 고려하여 수업시간을 편성한다.

7) 점심

- 유아들이 감사하는 마음을 가지고 즐겁게 식사할 수 있도록 분위기를 조성한다.
- 바람직한 식습관 형성과 기본생활습관이 이루어지도록 지도한다.

- 정해진 시간 안에 식사하기, 식사 속도, 음식 기호 등의 개인차에 따른 적절한 지도를 한다.
- 배식받은 음식은 가능한 한 다 먹을 수 있도록 지도한다.
- 아파서 밥을 먹지 못하는 유아가 있는지 살펴보고, 스스로 먹지 않는 유아에 대한 대처를 지도교사와 협의한다.
- 음식물을 바닥에 흘렸을 때는 혼내기보다 유아가 직접 치우도록 지도한다(필요한 경우 음식물을 치우는 방법을 가르쳐 준다).
- 지도교사와 다른 책상에서 유아들과 함께 식사하며 보살핀다.
- 교사는 유아를 다 챙겨 주고 난 후에 식사를 한다.
- 식사 후에는 양치질을 할 수 있도록 한다.

8) 평가 및 귀가 지도

- 유아들이 옷을 입고 물건, 유인물을 챙기는 것을 돕는다.
- 유아들의 안전하게 귀가할 수 있도록 하원방법 및 전달사항 등을 확인한다.
- 유아의 부모에게 인사를 한다.
- 유아가 대소변 실수를 했을 때 실수에 대한 수치심을 느끼지 않도록 안심시키고 담임교사에게 알린 후 도움을 준다.
- 유아가 대소변 실수를 하거나 구토를 했을 경우, 몸을 깨끗이 씻긴 후 옷에 있는 이물질을 정리하여 집으로 보낸다.
- 유아의 옷이 젖은 경우 그대로 입혀서 집에 보내는 일이 절대 없도록 한다.

9) 유아 귀가 후

- 교재·교구 정리 및 교실 청소를 한다.
- 교실 청소는 유아의 건강과 밀접한 관련이 있으므로 교구장을 밀거나 의자를 책

상 위에 들어 올려 교실의 먼지를 제거하고 숨겨진 교구가 있다면 제자리에 정리한다.

- 교실 바닥과 교구장, 책상은 깨끗이 물걸레로 닦고, 교구를 바르게 정리한다. 유아의 작품을 정리하고 필요한 경우 전시한다.
- 유아교육기관에 손님이 오셨을 경우 교사에게 알리고, 손님과 마주쳤다면 공손히 인사한다.
- 일지 기록 및 유아 관찰 기록, 다음 날 수업계획을 한다.
- 교구 제작 및 행사 준비를 한다.
- 교육기관의 전열 기구, 전등, 문단속을 점검한 후 퇴근한다.
- 교육기관의 모든 비품, 소모품, 도서 자료, 교재·교구 등은 어떠한 경우라도 교육기관의 사전 양해 없이 사용하거나 가지고 가서는 안 된다.

10) 현장학습

- 현장학습 전 견학지에 대한 정보를 습득하고 실습생이 해야 할 일을 지도교사와 협의한다.
- 현장학습 전 준비물을 챙긴다(원아 이름목걸이, 비상약, 물수건, 휴지, 비닐봉투, 수첩과 필기구).
- 차량 탑승 후 안전벨트를 매어 주고, 이동하는 차 안에서 안전사고가 일어나지 않도록 주의 깊게 살핀다.
- 이동할 때마다 원아의 명단을 파악하고 인원을 체크한다.

2 실습단계에 따른 실습생의 역할 및 태도와 자기평가

성공적인 교육실습이 이루어지기 위해서는 정규실습이 실시되기 전에 반드시 대학과 실습기관과의 실습에 대한 협의가 필요하다. 정규실습에 대한 계획의 수립과 준비를 위해 상호 협력하여 실습생을 포함한 대학과 실습기관 모두 현장실습에 있어 긍정적인 결과를 가져올 수 있어야 한다.

정규 현장실습은 사전실습과 추후실습과는 그 성격과 단계에서 많은 차이가 있다. 일반적으로 정규실습은 관찰실습 - 참여실습 - 실제 지도의 단계로 운영되며 각 단계에 소요되는 기간은 실습기관과 대학의 협의 또는 실습기관의 실습계획에 따라 다소 유동적이다.

1) 관찰실습

실습생이 실습기관에 배정되어 실습을 시작하면 대개 일정한 주제나 인물과 관계없이 자유롭게 관찰해 보도록 하고 시간이 지나면서 특정 주제나 대상 또는 학습이나 발달 영역별로 관찰하게 된다. 교육현장에서의 중요한 정보는 관찰을 통해 얻어지므로 실습생들은 대학에서 공부한 관찰에 관한 다양한 방법과 내용을 숙지하고 관찰에 임하며 관찰한 내용을 체계적으로 정리하고 기록하여야 한다. 지도교사는 실습생들이 관찰해야 할 대상과 방법 등을 구체적이고 세심하게 지도하여야 한다. 관찰실습의 기간은 대개 1주일 정도이나 실습생의 사전실습 정도와 개별성, 그리고 실습기관의 방침에 따라 관찰실습의 기간은 조정될 수 있다. 관찰실습에서 실습생들이 관찰하는 내용은 일반적으로 다음과 같다.

- 실습기관의 물리적 환경
  - 지리적 위치와 주변 환경
  - 건물의 형태와 구조
  - 실내·외 시설과 설비
  - 학급의 구성

- 교사 및 유아
  - 교직원 구성(연령, 경력, 직급, 학급배치 등)
  - 교사의 교육활동
  - 교사의 생활지도
  - 교사의 학급관리
  - 유아의 발달상태(건강, 정서, 사회성, 언어, 인지발달)
  - 유아의 개인 특성
- 교육과정
  - 교육계획(연간, 월간, 주간)
  - 일일 교육계획
  - 교육과정의 운영(실시와 평가)

정규실습의 관찰의 단계는 실습생이 유아교육현장에서 접하는 모든 것에 대해 관찰을 하는 단계이다. 예를 들면, 기관의 인적·물적 환경, 교사의 지도활동, 학급 경영 등에 대해 모두 관찰 가능하다. 유아교육기관에서는 실습생에게 가능한 한 관찰 대상이나 내용을 다양하게 제공하여 실습생이 실습기관에 잘 적응할 수 있도록 도와주는 것이 중요하다. 간혹 유아교육기관의 사정으로 실습생에게 관찰의 기회를 충분히 주지 않거나 서둘러 관찰을 종료하고 학급에 투입하여 교사의 역할을 무리하게 수행하게 하는 경우가 있다. 이러한 경우에 실습생의 교육적 능력이나 수행 역할이 실습생뿐만 아니라 유아교육기관과 유아에게 혼란과 어려움을 초래할 수 있다는 점에서 실습 초기 단계에서 이루어지는 관찰은 매우 중요한 실습 단계에 해당한다.

관찰 단계가 실습생에게 도움이 되기 위해서는 관찰에 임하는 실습생의 준비와 태도가 중요하다. 실습생은 아무런 생각 없이 눈에 보이는 대로 관찰하는 것이 아니라 무엇을 관찰해야 하는지를 분명하게 인지하고 있어야 하며, 관찰 시 주의를 기울여 많은 정보를 실습에 활용할 수 있도록 한다.

(1) 실습기관에서의 평가

참관 단계에서 실습기관의 평가는 다음과 같은 항목의 관찰과 참관에 대해 실습생에게 충분하고 세심하게 배려하였는지를 평가한다.

- 실습기관의 물리적 환경
- 교육활동을 계획하는 과정
- 교육 자료 제작과정
- 다양한 교육활동
- 학급 경영관리
- 실습기관과 지역사회의 연계

(2) 실습생의 자기평가

참관 단계에서 실습생들은 스스로 다음과 같은 항목에 대해 주의 깊게 관찰 또는 참관하였는지에 대해 자기평가를 수행한다.

- 실습기관의 물리적 환경
- 교육활동계획과 교수 - 학습과정
- 교사들의 교직활동
- 학급 경영관리
- 실습기관과 지역사회의 연계

2) 참여실습

참여실습은 실습생이 직접 교육활동에 참여하여 지도교사의 활동을 보조하거나 조력하는 활동을 통하여 실제로 교육활동을 경험하는 것을 의미한다. 즉, 실습생이 지도교사를 도와 교육활동에 직접 참여하여 교육의 실제적인 활동을 경험하는 단계이다. 지도교사가 진행하는 교육활동에 다양한 형태로 참여하여 교사의 교육활동과 기술을 체험하게 된다. 실습생이 주도적으로 수업활동을 계획하거나 진행하는 것은 아니며 지도교사가 진행하는 교육활동에 보조적, 조력적 형태로 참여하면서 교사의 교육활동을 실제적으로 이해하게 되고 교사로서 전문성과 자질 등을 체험하게 된다. 참여 단계에서 지도교사는 실습생이 단순한 참여에 머무르지 않도록 수업활동에 더욱 적극적으로 참여하게 하여 활동의 시작과 마무리에 이르기까지 다양하고 실제적인 역할을 체험할 수 있도록 지도해 주는 것이 중요하다.

참여실습에서 실습생이 경험하는 교육활동은 일반적으로 다음과 같다.

- 배정 학급의 수업활동계획
  - 수업활동의 계획
  - 관련 교재 및 교구의 준비
- 배정 학급의 수업활동 운영
  - 지도교사 보조
  - 수업활동 평가와 관련된 활동의 참여
- 배정 학급의 운영
  - 학급의 환경구성
  - 학급의 사무업무 활동
- 유아 관찰
  - 형식적 평가
  - 비형식적 평가: 관찰(체크리스트, 평정척도, 일화기록), 면접, 포트폴리오 수집

실습생이 유아의 활동에 직접 개입해야 하는 상황

- 위험이 예상되거나 도움이 필요한 상황
- 공격성과 파괴적 행동이 예상되는 상황
- 시작한 활동을 끝마치지 않고 다른 활동으로 계속 돌아다니는 상황
- 교사가 교육활동을 끝마치는 상황

참여 단계를 통하여 실습생은 유아교육현장에 대한 이해와 적응의 폭을 확대하여 실제 지도실습의 단계로 나아가게 된다. 참여 단계도 관찰 단계와 마찬가지로 1주 정도의 기간을 거치게 되나 실제 지도 단계와 자연스럽게 연결될 수 있도록 융통성 있게 운영할 수 있다.

3) 실제 지도(교육활동 실행)

실제 지도는 실습기간 중 가장 중요하고 핵심적인 기간에 해당하며 지도교사의 지도 아래 실습생이 주도적으로 실제적인 수업을 수행하여 현장의 교육활동을 경험하는 단계를 의미한다. 실제 지도의 단계에서 실습생은 관찰 단계와 참여 단계에서의 경험을 바탕으로 교사로서 실제적 교육활동을 수행해 보는 실습활동을 하게 된다. 실제 지도 단계에서 실습생이 실제로 수업활동을 진행한다고 해서 처음부터 전체수업을 진행한다는 의미는 아니다. 실제 지도 단계에서 실습생의 수업활동은 부분수업과 연결수업 그리고 전체(종일)수업으로 구분될 수 있다.

(1) 부분수업

부분수업은 하루 일과 중 부분적인 활동 한 가지만을 계획하고 준비하여 직접 교사로서 역할을 수행하는 과정이다. 일반적으로 부분수업은 동화, 노래, 미술, 바깥놀이 등 실습생이 가장 자신 있어 하며 친숙하고 쉽게 할 수 있는 활동부터 시작하여 이야기 나누기, 동극, 요리, 과학실험 등 수업의 준비와 노력이 요구되는 영역의 수업활동을 수행하게 된다.

실습생이 부분수업을 수행할 때 가장 도움이 되는 것은 교육계획안을 철저하게 준비하는 것이다. 부분수업 활동을 성공적으로 수행하기 위해서는 활동에 대한 계획안을 작성하여 지도교사로부터 미리 검토를 받는 것이 중요하다. 부분수업 활동의 목표와 구체적인 활동방법, 교재·교구의 준비 등에 대한 교육계획안의 준비와 실행은 부분수업의 활동을 성공적으로 이끌어 주는 밑바탕이 된다. 부분수업 단계에서 지도교사의 역할은 실습생이 수행하고자 하는 부분수업 활동이 성공적으로 수행될 수 있도록 충분한 검토와 피드백을 제공하는 것이다. 부분수업을 통해 실습생이 자신감을 얻게 되면, 그다음에 진행되는 연결수업과 전체수업에서도 적극적인 태도와 책임감을 보이게 된다.

(2) 연결수업

연결수업은 부분수업과 전체(종일)수업의 중간 단계에 해당하는 것으로 두 가지 이상의 교육활동을 연결해서 수행하는 것이다. 지도교사와 협의하여 하루 일과 중 연결되는 두 가지 이상의 교육활동을 실습생이 수행해 보는 과정으로, 한 가지 활동에 이어서 다른 활동으로 진행하는 교사의 역할을 체험해 볼 수 있다.

실습생이 연결수업을 수행하기 위해서는 각각의 부분수업뿐만 아니라 하루 일과에 대한 전체적인 이해가 이루어져야 하며, 일일 교육계획안 내용을 숙지하고 있어야 한다. 지도교사는 각각의 활동이 어떻게 통합되고 연결되는지에 관한 충분한 정보와 필요한 도움을 실습생에게 제공하여 실습생이 연결수업에 대한 두려움을 없애고 향후 전체(종일)수업을 자신감 있게 수행할 수 있도록 한다.

(3) 전체수업

전체수업(all-day)은 교사가 수행하는 하루 일과의 전체(시작 - 끝)를 모두 실습생이 계획하고 실행해 보는 과정으로, 정규실습의 가장 중요한 단계이며 실습을 종합하고 마무리하는 단계라고 할 수 있다. 지도교사는 사전에 전체수업에 대한 내용을 실습생에게 안내하고 교육계획안을 작성하여 세심하게 지도하며 최종적으로 원감과 원장의 검토와 승인을 받도록 한다. 실습생은 지도교사의 지도 아래 주간 교육계획안을 기초로 하여 전체수업의 교육계획안을 작성하고, 이와 관련된 수업환경을 구성하여 필요한 교재·교구를 직접 제작하고 준비한다.

전체수업의 수행을 위한 일일 교육계획안은 주간 교육계획안에 의거하여 자연스럽게 통합되고 연관될 수 있도록 한다. 실습생은 전체(종일)수업에 대한 지도교사와 원감 또는 원장으로부터 평가를 받고 지적사항이나 문제점 등을 검토하여 반성과 개선의 기회를 가짐으로써 현장실습을 마무리하게 된다.

(4) 실습생 자기평가

실제 지도 단계는 실습생이 지도교사의 지도하에 수업활동을 주도적으로 이끌어 가는 단계에 해당한다. 따라서 여기에서는 실습생이 학급에서 수행하는 실제의 수업활동과 관련된 사항에 대한 평가가 이루어진다. 실제 지도에서 이루어지는 세부적인 수업활동의 사례로 이야기 나누기, 동시, 동화, 동극, 새 노래 배우기, 율동, 미술활동, 과학활동, 요리활동, 간식 지도 등이 있으며, 이와 관련한 교육활동의 내용과 평가항목을 살펴보면 다음과 같다.

① 이야기 나누기 활동

이야기 나누기는 일상생활과 관련한 다양한 주제, 날씨, 계절, 친구, 가족, 일과, 친구들과의 토의, 규칙, 새 소식, 다양한 경험 등 생활주제에 관한 소재로 이야기 나누기 활동을 하게 된다.

이야기 나누기를 진행하기 위해서 교사는 다음과 같은 사항을 준비하고 점검하여야 한다.

- 도입: 이야기 나누기의 주제로 유아들을 자연스럽게 끌어들이기 위한 초기 단계로서 유아들이 주의집중하거나 호기심을 가질 수 있는 적절한 자료를 준비하여 활용한다.
- 전개: 이야기 나누기의 주제를 전개해 나가는 것으로 교사와 유아, 그리고 유아들 상호 간의 활발한 상호작용이 일어나도록 한다.
- 정리: 마무리 단계이며 이야기 나누기 활동을 통해 새롭게 알게 되었거나 발견한 점을 다음 활동과의 연관성을 고려하여 요약·정리한다.

이야기 나누기의 주제는 교사가 미리 선정하여 준비할 수 있지만, 유아들의 호기심과 관심으로부터 나오거나 당일의 일과에 따라 자연스럽게 관련 주제를 이야기 나누기 활동으로 선정할 수도 있다. 이야기 나누기의 주제가 미리 정해져 있는 경우 주제에 대한 감각적이고 시청각적인 자료를 준비하여 유아들이 의견을 자유롭게 표현할 수 있도록 돕는다. 교사는 질문을 할 때 발산적인 질문을 하며, 유아가 질문에 관해 충분히 생각할 시간을 주고 대답하도록 유도한다.

이야기 나누기가 지루하여 유아가 산만해지거나 주의가 분산되지 않도록 유의하며 모든 유아에게 발표할 기회가 있도록 시간을 안배하여 진행한다(필요에 따라 발표하는 방법에 대해 지도한다). 유아가 이야기 나누기의 주제와 전혀 관련이 없는 이야기를 할 경우 무시하거나 무관심하지 않고 간단하게 반응을 보여 주고, 다시 주제와 관련된 이야기로 돌아오도록 유도한다.

유아의 질문에 대해 교사가 답을 모를 경우 당황하지 말고 솔직하게 모른다고 이야기한다. 예를 들면, "선생님은 모르겠구나. 우리 같이 책을 찾아서 다시 이야기해 볼까?"라고 말해 주고, 다른 날 그 질문에 관하여 이야기한다.

이야기 나누기 활동이 하루 일과에 포함되는 것이 일반적이나 반드시 매일의 일과 활동에 포함되어야 하는 것은 아니다. 이야기 나누기는 유아의 연령과 시기, 내용에 따라 다르게 계획하여 진행하며, 이야기 나누기에 사용하였던 교육 자료(실물, 시청각 자료 등)는 다른 활동 시간에 다시 활용할 수 있도록 한다.

이야기 나누기의 구체적인 평가 항목과 내용은 다음과 같다.

〈표 6-1〉 이야기 나누기 평가표

범주		내용	그렇다	아니다
이야기 선정	1	주제와 연계되는가?		
	2	유아들의 경험과 연계되는가?		
	3	유아들의 발달에 적합한가?		
대형	4	유아들이 앉은 대형이 이야기 나누기에 적절한가? (예: 반은 바닥, 반은 의자)		
	5	유아들을 자신이 원하는 자리에 자율적 앉게 하는가?		
	6	유아들의 주의집중을 위해 주변의 교구나 물건을 정리하는가?		
매체	7	그림, 사진, 실물 등의 자료를 사용하는가?		

범주	내용		그렇다	아니다
이야기 지도과정	8	수수께끼, 동화, 자료설명, 경험회상 등의 도입방법을 사용하는가?		
	9	유아들의 다양한 반응을 유도하기 위해 적절한 질문을 하는가?		
	10	유아들의 질문에 대답을 해 주는가? (예: 종합/확장/정보 제공/수정 등)		
	11	유아들의 부적절한 반응이나 행동을 긍정적인 방법으로 조정하는가?		
	12	유아들의 적절한 반응에 대하여 격려 혹은 칭찬을 하는가?		
	13	유아들을 (과반수이상) 이야기 나누기에 적극 참여시키는가?		
소요시간	14	유아의 수준에 따라 시간을 적절히 배정하는가?		
마무리	15	이야기 나누기 시간에 나온 내용을 종합·정리하는가?		
	16	이야기 나누기 시간을 마무리하고 다음 활동이 무엇인지 알려 주는가?		

출처: 교육인적자원부(2001). 유치원 교사 교육프로그램.

② 실내 자유선택활동

실내 자유선택활동은 준비된 실내 환경 속에서 유아가 자신의 흥미와 능력에 맞게 놀이를 스스로 선택하여 활동하는 것을 의미한다. 자유선택활동은 다양한 놀이를 통한 개별 학습의 기회를 가지며, 여러 영역에서의 놀이경험으로 통합교육이 가능하다고 할 수 있다. 유아의 개별적인 요구를 고려한 활동은 유아들의 자아존중감, 자기 훈련, 사회적인 기술 및 감각적인 반응의 기초를 형성하게 한다(Petertsen, 2003). 실내 자유선택활동 시 실습생으로서 유의해야 할 사항을 살펴보면 다음과 같다.

실내 자유선택활동 시 유의점

- 자유선택활동 시간에 교사로서 반드시 숙지해야 할 규칙을 준수한다.
- 유아의 요구나 행동에 대해 허용범위를 구분하여 일관성 있게 지도한다.
- 유아들의 활동이 가려지거나 보이지 않는 일이 없도록 활동시간 동안 전체 유아의 활동을 관찰할 수 있는 위치를 유지한다.
- 자유선택활동 시간에 개인적인 일로 주의를 분산하지 않도록 한다.
- 파괴적이거나 위험한 문제가 아니라면 유아의 문제 상황을 관찰하면서 스스로 해결하도록 기회를 주고, 혼자서 해결이 어려울 경우 도움을 제공한다.
- 활동이 끝나면 유아들이 활동에 대해 이야기하는 시간을 갖도록 지도하고 정리·정돈을 하도록 지도한다.

실내 자유선택활동의 구체적인 평가 항목과 내용을 요약하면 다음과 같다.

- 영역의 배치와 자료
  - 흥미 영역의 배치가 적절한지 평가한다.
  - 주제와 준비된 자료들이 적합한지 평가한다.
- 유아들의 참여와 수행
  - 자율적으로 활동을 선택하고 놀이하는지 평가한다.
  - 유아들 간의 상호작용(경청, 주장, 수용, 거부 등)을 평가한다.
  - 활동의 소요시간이 적절한지 평가한다.
- 마무리
  - 정리·정돈이 잘되었는지 평가한다.
  - 평가활동에 대한 실시를 평가한다.

③ 실외 자유선택활동

실외 자유선택활동은 실외에 구비된 여러 놀이기구를 활용하여 이루어지는 유아 놀이활동을 의미한다. 실내 영역처럼 흥미 영역별로 구성하여 신체발달과 다양한 운동능력을 증진하고 긴장을 해소하는 데 도움을 주는 중요한 활동이다. 실외 놀이는 대근육 운동의 발달을 돕는 다양한 놀이기구 외에 물놀이, 목공놀이, 동식물의 사육과 재배 등을 들 수 있다.

실외 자유선택활동 시 유의해야 할 사항을 살펴보면 다음과 같다.

실외 자유선택활동 시 유의점

- 유아들의 안전을 위해 교사로서 반드시 숙지해야 할 규칙들을 준수한다.
- 사전에 놀이기구의 안전성과 유해물은 없는지 점검한다.
- 실외 활동에 알맞은 복장과 신발을 착용한다.
- 놀이기구의 사용법과 규칙(차례 지키기, 줄을 서기 등)을 지키도록 지도한다.
- 활동시간 동안 전체 유아의 활동들을 관찰할 수 있는 위치를 유지한다.

④ 동시

동시란 어린이들이 읽을 수 있도록 마음의 감동을 운율에 담아 나타낸 짧은 글을 의미하며 느낌과 상상을 중요시한다. 동시는 생활의 다양한 주제나 계절에 맞는 것 중에서 유아의 흥미와 발달에 적합한 것을 선택한다.

동시를 지도하기 위해 교사는 다음 사항에 유의한다.

동시 지도 시 유의점

- 교사는 유아들의 흥미와 발달에 적합한 동시 자료(그림이나 사진 등)와 교수매체(음향 등)를 준비하여 동시활동의 지도에 활용한다.
- 동시의 제목과 지은이를 알려 주고 동시의 느낌을 살려 알맞은 속도로 유아들에게 읽어 준다.
- 동시에 대한 느낌과 내용을 이야기하도록 한다.
- 동시의 형식(대화하는 형식, 반복 등)에 따라 다양한 방법으로 유아와 함께 읊어 본다.
- 처음부터 끝까지 다 함께 읊어 보고 조형활동이나 음률활동과도 연결시켜 다양하게 표현해 보도록 한다.

동시 지도 시 구체적인 평가 항목과 내용을 요약하면 다음과 같다.

〈표 6-2〉 동시 지도 평가표

범주	내용	그렇다	아니다
동시 선정	생활주제와 연계되는가?		
	유아의 발달에 적절한가? (예: 움직임에 대한 묘사나 독특한 운율이 있음)		
매체	적절한 매체(예: 그림, 손인형, 실물, 사진 등)를 사용하는가?		
	배경 음악을 사용하는가?		
사전활동	사전활동(관찰, 야외학습 등)을 실시하는가?		
동시 지도과정	도입을 하는가?		
	교사 혼자 낭송해 주는가?		
	유아들이 느낌을 말해 보게 하는가?		
	지은이, 제목을 이야기해 주는가?		
	교사와 유아가 나누어 낭송해 보는가?		

범주	내용	그렇다	아니다
동시 지도과정	유아끼리 또는 혼자 낭송하게 하는가?		
	교사와 유아가 함께 낭송해 보는가?		
	제목을 지어 보는가?		
마무리	동시시간이 끝났음을 알리고 다음 활동을 소개하는가?		
사후활동	사후활동(그림, 동작으로 표현하기 등)을 실시하는가?		

출처: 교육인적자원부(2001). 유치원 교사 교육프로그램.

⑤ 동화

동화에는 교훈이 되는 이야기나 옛날이야기와 같은 전래동화와 우화, 일화, 생활동화, 창작동화 등 다양한 종류의 동화가 있다. 그 전달방법 또한 구연동화, 그림동화, 융판 동화, 앞치마 동화, 자석 동화, 인형 동화(손인형, 줄인형), 막대 동화, 그림자 동화, OHP 동화 등으로 다양하다.

유아들은 동화 듣기를 즐기며, 주의집중도 잘한다. 동화활동을 진행하기 위해서 교사는 다음과 같은 사항을 준비하고 점검하여야 한다.

동화 지도 시 유의점

- 유아의 발달수준과 집단의 크기에 따라 동화 자료를 준비하고 동화의 순서를 확인하며 가장 적합한 전달 매체를 준비한다.
- 유아의 발달수준(이해력, 주의집중 등)에 따라 매체를 이용한 동화나 그림동화 또는 매체의 사용이 없이 동화책 읽기 등을 활용한다.
- 동화의 내용 전개나 등장인물에 따라 다양한 억양과 어조(목소리의 고저 및 속도)로 표현하여 주의가 분산되지 않도록 한다.
- 교사가 준비한 동화 외에도 유아들이 선택하거나 준비한 동화를 활용하는 것도 의미 있으며 유아들이 스스로 동화를 만들어 보게 할 수도 있다.
- 위인, 도움, 식물, 사물, 모험, 전래이야기 등 동화의 소재는 다양하며 비슷한 제목의 동화라도 유아들이 흥미 있고 재미있어하거나 상상력을 자극하는 것을 선정한다.
- 평면 동화나 움직임이 있는 동화는 장면의 전환 시 자연스럽게 연결되도록 준비하며 동화의 내용을 숙지하여 교사의 시선이 유아를 향하지 않고 동화자료나 매체에 고정되지 않도록 한다.

다음은 동화 지도 시, 평가준거로서 점검해야 할 사항이다.

〈표 6-3〉 동화 지도 평가표

범주	내용	그렇다	아니다
동화 선정	생활주제와 연계되는가?		
	주제가 교육적인가?		
	내용과 주제가 흥미 있는가?		
	내용과 그림이 문학적으로 가치 있는 것인가?		
대형	유아들이 앉은 대형이 이야기 나누기에 적절한가? (예: 반은 바닥, 반은 의자)		
	유아들은 자신이 원하는 자리에 자율적으로 앉는가?		
	유아들의 주의집중을 위해 주변의 교구나 물건이 정리되어 있는가?		
매체	전달 매체가 적절한가?		
동화 구연	내용을 완전히 이해했는가?		
	시선은 적절한가?		
	발음은 정확한가?		
	속도는 적절한가?		
	등장인물의 성격에 따른 성대모사가 적절한가?		
동화 지도과정	동기유발을 하는가?		
	동화의 제목을 들려주는가?		
	동화의 제목을 들려주고 내용을 추측하게 하는가?		
	동화의 내용을 회상하게 하는가?		
마무리	동화시간이 끝났음을 알리고 다음 활동을 소개하는가?		

출처: 교육인적자원부(2001). 유치원 교사 교육프로그램.

⑥ 동극

동극은 아동연극·어린이극을 말하며 어린이를 관객으로 하여 어린이 스스로가 연기하거나 어린이를 관객으로 하여 어른이 연기하는 극, 어린이와 어른이 모두 연기하지만 어린이를 희곡의 주인공 또는 중심으로 삼는 극으로 나눌 수 있다. 여기서는 유아교육기관의 유아들이 연극화해 보는 활동을 지도하는 것을 의미한다.

동극활동을 지도하기 위해서 다음과 같은 점에 대해 유의해야 한다.

동극 지도 시 유의점

- 동극에 사용하는 동화는 일반적으로 내용이 길지 않고, 반복되는 대화 형식으로 구성되어 있는 것이 적합하다.
- 동극의 등장인물과 역할구성 시 유의점은 많은 유아가 참여할 수 있고 신체표현이 용이해야 한다.
- 동극의 준비를 위해 미리 동화활동을 실시하고 동화에 대한 회상의 시간을 가진다. 동화활동을 통해 등장인물과 무대의 구성, 역할분담 등에 대해 준비하고 토의하도록 한다.
- 동극을 실시한 후 느낀 점 등을 이야기하고 사용했던 자료와 도구를 정리한다.

다음은 동극활동을 지도함에 있어 평가기준으로서 점검해야 할 사항이다.

〈표 6-4〉 **동극 지도 평가표**

범주	내용	그렇다	아니다
동화 선정	대사가 짧고 반복되는 것인가?		
	유아가 등장인물과 동일시할 수 있는가?		
	전개과정이 뚜렷한가?		
	절정(클라이맥스)이 있는가?		
대본의 적절성	설명 부분이 삭제되었는가?		
	간접화법을 직접화법으로 바꾸었는가?		
	대사가 짧고 반복되는가?		
동극 지도과정	동화를 들려주는가?		
	동화 회상시간을 갖는가?		
	동극의 배경이 되는 무대를 유아와 함께 꾸미는가?		
	배역을 선정하는가?		
	배역을 소개하는가?		
	등장인물이 기다리는 자리를 정리하는가?		
	평가시간을 갖는가?		
	재공연을 하는가?		
마무리	동극이 끝났음을 알리고 다음 활동을 소개하는가?		

출처: 교육인적자원부(2001). 유치원 교사 교육프로그램.

⑦ 조형활동

조형활동은 그림을 그리거나 만들거나 하는 활동으로 흔히 만들기 활동이라고 이야기하며, 유아미술과 관련된 활동을 말한다. 유아들은 주변 환경과의 상호작용을 통해 자신의 감정과 욕구를 표현하고자 한다. 그리고 자신의 욕구, 감정을 표현하는 경험을 통해 만족감과 정서적 안정을 얻게 된다. 따라서 유아교육에서 조형활동은 단순한 기술습득이 아니라 자기표현의 욕구를 충족시켜 주는 수단이며 자발적인 자기표현에 의한 인격형성이라 할 수 있다(윤기영 외, 2006). 조형활동의 과정과 결과물은 유아의 발달을 이해하는 중요한 자료로 활용할 수 있기에 조형활동의 지도에서는 다음과 같은 사항을 준비하고 점검하여야 한다.

조형활동 시 유의점

- 조형활동은 유아의 표현하고자 하는 욕구를 자극하고 촉진하여 유아에게 성장의 환경을 만들어 주고 다양한 시도의 경험과 자극, 그리고 감상의 기회를 제공하는 것이다.
- 조형활동을 지도하기 위해서는 사전에 필요한 기본적인 재료를 준비하고 활동을 수행하는 데 불편함이 없도록 환경을 점검한다. 사용할 비품과 소모품, 도구, 작품의 보관과 전시 등에 관해 빈틈없이 준비한다.

조형활동을 지도할 때 평가기준으로 활용될 수 있는 사항은 다음과 같다.

〈표 6-5〉 조형활동 지도 평가표

범주	내용	그렇다	아니다
조형활동 선정	생활주제와 연계되는가?		
	유아의 발달에 적절한가?		
	교육적 가치가 있는가?		
환경	작업하는 유아들이 손쉽게 자료를 꺼내 쓸 수 있는가?		
	필요한 자료들이 모두 준비되어 있는가?		
	작업 후 건조시키거나 전시할 장소가 마련되어 있는가?		

범주	내용	그렇다	아니다
조형활동 지도과정	도입을 실시하는가?		
	활동에 필요한 자료를 소개하는가?		
	활동의 방법에 대해서 유아들과 토의하는가?		
	창의적인 표현을 격려하는가?		
	정리시간을 갖는가?		
평가	개별 또는 집단으로 작품을 평가하는가?		
전시	유아의 요구에 따라 작품을 전시 또는 보관하는가?		

출처: 교육인적자원부(2001). 유치원 교사 교육프로그램.

⑧ 노래 부르기

노래 부르기는 의도적으로 교육활동계획에 포함시켜 단일 활동으로 전개하기도 하지만, 상황에 따라 시차를 이용한 시간에 또는 주의집중을 위해 이동하는 시간에 부르기도 한다(윤기영 외, 2006).

노래 부르기 지도 시 다음과 같은 점을 고려하여 지도한다.

노래 부르기 지도 시 유의점

- 노래 부르기를 위한 곡의 선택은 유아의 생활과 관계있으며 밝고 명랑한 분위기의 곡을 선택한다. 대개 피아노로 반주하는 것이 일반적이지만 필요에 따라 적절하고 다양한 악기를 사용한다.
- 노래의 길이는 4소절 정도가 알맞으며 시간은 15분을 넘지 않는 범위에서 활동을 진행한다.
- 노래의 가사나 형식, 리듬과 멜로디 등에 따라 새 노래를 가르치는 방법은 다양하다.
- 음악 감상은 동요에서부터 고전음악, 가곡, 악기 연주에 이르기까지 유아들이 즐길 수 있도록 계절과 주제에 맞는 것을 선택하여 들려준다.
- 음악을 감상한 후에 느낌을 이야기하고 그 느낌을 그림이나 시, 신체표현 등으로 표현하도록 한다.
- 악기의 사용법은 한 번에 한 가지씩 알려 주어 음률 영역에서 악기를 자연스럽게 접하게 하고 간단한 연주를 할 수 있게 한다.

노래 부르기 활동의 지도 시 평가준거로서 활용될 수 있는 내용들은 다음과 같다.

〈표 6-6〉 노래 부르기 지도 평가표

범주	내용	그렇다	아니다
노래 선정	생활주제와 연계되는가?		
	유아들의 경험과 연계되는가?		
	노래의 음역이 유아에게 적절한가?		
	노래의 길이가 유아에게 적절한가?		
	노래의 가사와 리듬이 반복적인가?		
대형	유아들이 앉은 대형이 노래 부르기에 적절한가? (예: 반은 바닥, 반은 의자)		
	유아들은 자신이 원하는 자리에 자율적으로 앉는가?		
	유아들의 주의집중을 위해 주변의 교구나 물건이 정리되어 있는가?		
매체	그림, 손인형, 융판 자료 등의 적절한 자료를 사용하는가?		
노래 지도과정	도입(노랫말을 소개)이 있는가?		
	교사가 정확한 음으로 노래를 불러 주는가?		
	반주 없이 멜로디만 불러 주는가?		
	'라라라' 등으로 멜로디만 다 함께 부르는가?		
	교사와 유아가 노래의 일부분씩 나누어 부르는가?		
	노래 전체를 다 함께 부르는가?		
	확장(가사 바꾸어 부르기)해서 부르는가?		
마무리	노래시간에 대한 평가를 하는가?		
	노래시간이 끝났음을 알리고 다음 활동을 소개하는가?		

출처: 교육인적자원부(2001). 유치원 교사 교육프로그램.

⑨ 신체표현(율동)

유아 신체표현은 유아들의 생각과 느낌을 언어나 음악으로 혹은 무용으로 표현해 보려는 욕구를 나타낼 수 있도록 하는 활동이다. 신체표현 교육을 통해 자기 생각과 느낌을 자유롭게 나타냄으로써 유아들은 감수성을 통하여 상상력이 풍부하게 되고 몸놀림으로 솔직하고 순수하게 표현하게 됨으로 신체가 발달하며 다른 사람에게 전달할 수 있는 표현력이 향상된다(김정순, 1999).

신체표현 활동의 지도에서는 다음과 같은 점을 고려하여 지도한다.

신체표현 활동 지도 시 유의점

- 신체탐색에 관한 활동은 신체활동의 가장 기본적인 단계이므로 유아는 자신의 신체에 대해 탐색하는 활동을 가진다.
- 신체활동에 대한 탐색은
  - 각 신체부위의 명칭과 위치를 알아본다.
  - 각 신체부위의 기능에 대해 알아본다.
  - 각 신체부위를 움직일 수 있는 방법을 알아보고 신체 기능을 익힌다.
- 운동기능의 발달을 촉진하고 창의적인 신체표현을 위해
  - 걷기, 뛰기, 달리기 등 이동 동작에 대한 활동을 실시한다.
  - 굽히기, 휘기, 뻗기 돌리기 등의 동작에 대한 활동을 실시한다.
  - 던지기, 받기, 발로 차기, 주먹으로 지르기 등의 동작에 대한 활동을 실시한다.
- 신체표현 활동은 유아가 관찰하거나 느낄 수 있는 다양한 주제와 내용으로 수행할 수 있다. 교사는 신체표현의 모든 대상을 유아가 자유롭게 표현할 수 있도록 활동자료로 제공해 주고 알맞은 도구를 준비해 주며 필요에 따라 다양한 음악을 제공해 주어야 한다.

신체표현 활동을 지도할 때 활용될 수 있는 평가준거의 내용들은 다음과 같다.

〈표 6-7〉 율동 지도 평가표

범주	내용	그렇다	아니다
율동 선정	생활주제와 연계되는가?		
	유아들의 신체 발달에 적절한가?		
환경	율동을 할 수 있는 충분한 공간이 확보되어 있는가?		
	유아들의 안전이 고려된 공간인가?		
매체	율동의 진행 순서를 설명하기 위해서 매체(그림, 사진 등)를 사용하는가?		
사전활동	새로 배우려는 율동과 관련된 사전활동이 있는가?		
음률지도 과정	도입을 하는가?		
	음악을 듣고 느낌을 언어로 표현해 보게 하는가?		
	노랫말대로 움직이는 패턴 율동일 경우 노래 배우기를 하는가?		
	앉아서 따라 할 수 있는 부분이 있을 경우 앉아서 동작해 보는가?		

범주	내용	그렇다	아니다
음률지도 과정	유아 혹은 교사가 시범을 보이는가?		
	반 집단으로 나누어 동작해 보는가?		
	전체 집단이 함께 동작해 보는가?		
	율동 방향, 속도, 앞 유아와의 거리 등에 주의를 두어 유아의 안전을 고려하는가?		
	율동에 참여하고 싶어 하지 않는 유아를 배려하는가?		
마무리	율동시간에 대한 평가를 하는가?		
	율동시간이 끝났음을 알리고 다음 활동을 소개하는가?		

출처: 교육인적자원부(2001). 유치원 교사 교육프로그램.

⑩ 과학활동

유아 과학활동은 누리과정의 자연탐구 영역을 의미한다. 자연탐구 중 과학적 탐구하기는 유아가 주위의 사물과 자연현상에 대하여 호기심과 관심을 가지고 탐구하는 데 필요한 기초능력과 태도를 기르기 위한 영역이다. 과학적 탐구활동은 우리 몸에 대한 이해, 생물과 자연현상에 대한 이해, 물질과 물체에 대한 탐색, 도구와 기계에 대한 관심과 이해 등으로 구성되어 있다. 유아가 오감을 사용하여 보고, 듣고, 만지고, 만들어 보고, 냄새 맡고, 맛보는 등 직접 조작하는 활동을 통해 과학활동을 더 잘 이해할 수 있다. 이를 위해서 다음과 같은 점에 유의하여 지도한다.

과학활동 지도 시 유의점

- 교사 주도가 아닌 유아를 중심으로 활동이 진행되도록 한다. 과학적 지식이나 개념을 유아들에게 주입시키기보다는 유아의 지식수준에서 유아의 생각을 중심으로 과학활동이 이루어져야 한다.
- 교사는 적절한 질문을 통하여 유아의 창의성과 사고력을 발달시킬 수 있어야 하며, 단정적인 어휘의 사용보다는 유아의 탐구심과 호기심을 확대시킬 수 있는 개방적인 질문을 사용하도록 한다.
- 과학활동은 사물에 대한 관찰하기, 분류하기, 예측하기, 가설 설계하기, 토의하기, 실험하기, 결과를 기록하고 전달하기, 새로운 것을 창안하기 등 다양한 활동으로 계획하고 지도할 수 있다.

다음 항목은 유아 과학활동 중 실험을 할 때 활용할 수 있는 평가의 준거이며 과학활동을 계획하는 단계에서부터 활용할 수 있다.

〈표 6-8〉 실험 지도 평가표

범주	내용	그렇다	아니다
실험 선정	생활주제와 연계되는가?		
	교육적으로 가치가 있는가?		
	유아의 발달에 적절한가?		
매체	안전을 고려하였는가?		
	사용된 도구가 실험에 적절한가?		
	실험 도구가 유아 수준에 적절한가?		
실험 지도과정	관찰하는 시간을 갖는가?		
	실험방법을 고안해 보는가?		
	준비물 및 도구를 탐색하는 시간을 갖는가?		
	예측할 기회를 주는가?		
	실험할 기회를 주는가?		
	기록할 기회를 주는가?		
	실험 결과에 대하여 설명해 주는가?		
	추론할 기회를 주는가?		
마무리	실험 내용을 종합하는가?		
	실험시간이 끝났음을 알리고 다음 활동을 소개하는가?		

출처: 교육인적자원부(2001). 유치원 교사 교육프로그램.

⑪ 요리활동

요리활동은 유아가 매우 선호하는 활동의 하나이다. 유아는 요리활동에 직접 참여하는 것을 좋아하기 때문에 잘 준비하여 진행하지 않으면 활동 과정이 매우 소란스럽고 어수선해지기 쉬우며, 안전사고가 발생할 수도 있다. 따라서 요리활동의 지도 시 유아의 참여인원과 연령, 요리활동의 난이도와 도구의 사용 등을 고려하여 지도하여야 한다.

요리활동의 계획과 운영에는 교사의 철저한 사전계획이 필요하며 유아의 발달수준과 요리과정, 음식물에 함유된 영양 및 유아의 건강까지 모든 것이 고려되어야 한다(윤기영 외, 2006). 요리활동의 지도계획과 활동의 운영 시 다음과 같은 점에 유의한다.

요리활동 지도 시 유의점

- 교사는 요리활동의 각 단계를 진행할 때 유아가 이해할 수 있도록 구체적이고 간단하게 이야기한다.
- 요리활동을 하면서 교사는 요리 재료의 선정과 탐색, 다루는 방법, 관찰한 내용 등에 관해 유아들과 함께 많은 이야기를 나눈다.
- 교사는 유아가 오감, 즉 시각, 청각, 후각, 미각, 촉각을 모두 사용하여 요리활동의 과정을 탐색하고 받아들이고 표현하도록 지도한다.
- 요리활동에 사용되는 도구(칼, 불, 유리그릇 등)에 대해 사용법과 주의사항을 유아들에게 인식시키고 안전사고가 발생하지 않도록 철저히 검토한다.
- 요리활동에 필요한 요리기구와 요리의 재료들에 대해 유아들이 직접 탐색하게 하여 요리활동에 적극적으로 참여하도록 유도한다.

다음 항목은 요리활동 시 평가의 준거로 활용될 수 있는 사항들이며, 요리활동을 계획하는 단계에서부터 활용할 수 있다.

〈표 6-9〉 요리활동 지도 평가표

범주	내용	그렇다	아니다
요리활동의 선정	생활주제와 연계되는가?		
	유아의 발달에 적절한가?		
	교육적으로 가치가 있는가?		
	유아의 영양과 건강을 고려하였는가?		
환경 및 도구	공간이 충분한가?		
	물이 가까운 곳에 있는가?		
	전기가 가까운 곳에 있는가?		
	안전을 고려하였는가?		
	도구가 유아의 수준에 적절한가?		

범주	내용	그렇다	아니다
요리 순서도	요리 순서도가 있는가?		
	필요한 양이 정확하게 기재되어 있는가?		
	요리 과정이 구체적으로 명시되어 있는가?		
집단의 크기	개별 또는 소집단으로 실시하는가?		
요리활동의 지도과정	사전활동(이야기, 동화 등)을 제공하는가?		
	손을 씻도록 지도하는가?		
	앞치마를 입도록 지도하는가?		
	준비된 재료를 탐색해 보는 시간을 주는가?		
	요리의 순서를 익히는 시간을 주는가?		
	유아가 주도적으로 요리하도록 허용하는가?		
	요리한 것을 그릇에 담도록 지도하는가?		
	정리할 시간을 주는가?		
	앞치마를 벗고 손을 씻도록 지도하는가?		
	요리한 음식을 먹어 볼 기회를 제공하는가?		
마무리	요리활동에 대해 평가하는가?		
	요리활동이 끝났음을 알리고 다음 활동을 소개하는가?		

출처: 교육인적자원부(2001). 유치원 교사 교육프로그램.

⑫ 간식

간식 지도는 유아의 연령에 따라 자유 간식과 전체 간식으로 나뉘며, 기관에 따라 간식의 양과 횟수를 알맞게 조절한다. 일반적으로 종일제의 경우 하루 2회 간식을 제공하며 반일제는 하루 1회 간식을 제공한다. 간식의 종류는 우유나 요구르트, 음료, 과일, 야채, 전통음식, 건강을 해치지 않는 과자나 빵 등이 있다.

간식 지도활동은 다음과 같은 점에 유의하여 지도한다.

간식 지도 시 유의점

- 점심시간을 고려하여 간식의 종류와 양을 조절하며 간식활동의 소요시간은 연령에 따라 다소의 차이는 있으나 준비와 활동 후 정리시간을 포함하여 30분 이내가 적당하다.
- 간식의 준비부터 먹은 후 정리까지 유아 자신이 각자 하는 경우도 있지만 연령에 따라, 간식활동의 경험 정도에 따라 간식당번제를 실시하여 유아가 차례로 당번을 담당하여 간식활동을 경험할 수도 있다.
- 간식활동 후에는 반드시 양치질하는 습관을 갖도록 지도한다.

다음은 간식 지도 시 평가준거로 활용될 수 있는 항목들이다.

〈표 6-10〉 간식 지도 평가표

범주	내용	그렇다	아니다
위생	간식 전에 행주질을 하는가?		
	행주는 삶아서 깨끗하게 사용하는가?		
간식 지도 과정	간식 전에 손을 씻도록 지도하는가?		
	감사 인사, 기도 등 간식 전에 행하는 의식이 있는가?		
	바른 자세로 먹도록 지도하는가?		
	조용한 목소리로 말하도록 지도하는가?		
	음식을 흘리지 않도록 지도하는가?		
	음식의 양과 종류를 스스로 조절하게 하는가?		
	음식을 다 먹게 격려하고, 안 되면 남기게 하는가?		
	먹고 난 후 식기나 흘린 음식을 스스로 치우도록 지도하는가?		
	간식 후 양치질을 하도록 지도하는가?		
	간식시간 동안 음악을 틀어 주는가?		
간식 후 활동	간식 후 조용한 활동을 하는가?		

출처: 교육인적자원부(2001). 유치원 교사 교육프로그램.

지금까지 살펴본 다양한 활동에 대한 평가를 요약하면,

- 수업계획과 학습 주제의 적합성
- 학습내용, 학습자료, 학습주제의 적합성
- 유아들의 수준과 학습내용의 적합성
- 수업에 대한 유아들의 흥미와 참여 정도
- 학습자료, 교재·교구의 효율적 활용
- 언어적 표현의 적절성
- 활동의 전환
- 하루 일과 활동에 대한 유아들의 흥미 정도
- 돌발 상황이나 안전사고에 대한 대처
- 활동의 정리와 마무리에 대한 평가

와 같은 항목이 주요 평가의 대상이 된다.

CHAPTER 7

실습 후: 평가 단계

교육실습에 대한 평가활동은 실습을 의뢰한 대학의 학과와 실습생 지도를 수락한 실습기관에서 실습생이 현장실습을 통해 달성하고자 하는 교육목적에 도달했는지를 확인하고 학생의 교사역량 강화를 위해 이루어진다.

현장실습에 대한 평가는 교육실습의 전체적인 과정을 이해하고 실습생의 보완해야 할 문제점과 개선해야 할 점이 무엇인지 파악하여 성공적인 교육실습의 전략을 수립할 수 있도록 한다. 교육실습의 평가는 다음과 같은 구체적인 목적으로 진행된다.

- 현장실습의 교과 목표 달성
- 교육현장에서 교사로서의 경험 수행
- 교사로서 갖추어야 할 지식과 기능
- 교직에 대한 적성과 교사로서의 전반적인 능력
- 실습을 통하여 보완하여 할 점과 개선사항

본 장에서는 실습생의 자기평가 내용 및 지침과 현장실습 시 실습생 평가기준에 대하여 알아본다.

1 실습생의 자기평가

1) 실습 단계별 자기평가

① 실습 전 단계

교육실습의 계획과 준비단계에서 실습생은 다음과 같은 항목들에 대해 스스로 자기평가를 수행한다.

— 실습기관에 대한 제반사항의 파악

— 실습을 위한 이론과 실기의 정리

— 교육 자료와 교재 교수

— 신체적, 정신적 건강

② 실습 중 참관 단계

참관 단계에서 실습생들은 스스로 다음과 같은 항목들에 대해 주의 깊게 관찰 또는 참관하였는지에 대해 자기평가를 수행한다.

— 실습기관의 물리적 환경

— 교육활동계획과 교수 - 학습과정

— 교사들의 교직활동

— 학급 경영관리

— 실습기관과 지역사회의 연계

③ 실습 중 참가 단계

참가 단계에서 실습생은 스스로 다음과 같은 항목들에 대해 참가하였는지에 대해 자기평가를 수행한다.

— 교육활동계획과 수행

— 교육활동의 평가와 학급 운영

— 실습기관과 지역사회와의 연계활동

④ 실습 중 운영 단계

6장 실습 중 운영 단계를 참고한다.

2) 평가 척도를 활용한 자기평가

(1) 전반적 근무사항에 대한 평가

근무시간에 지켜야 할 사항에 대한 자기 점검 내용은 다음과 같다.

〈표 7-1〉 근무시간에 지켜야 할 사항에 대한 체크리스트

구분	문항	그렇게 하지 않는다. 1	보통 그렇게 한다. 2	항상 그렇게 한다. 3
근무 시간	근무시간에 사적인 업무를 보지 않는다.	1	2	3
	동료들이 바쁘게 일하고 있을 때 방관하지 않는다.	1	2	3
	근무시간에 껌을 씹지 않는다.	1	2	3
	여럿이 모여 앉아 불평을 늘어놓지 않는다.	1	2	3
	교무실에서 잡상인들과 거래하지 않는다.	1	2	3
	자리를 비울 때는 주위에 알린다.	1	2	3
	외출했다가 유치원으로 들어올 때는 시간을 엄수하고, 늦어질 경우 미리 연락한다.	1	2	3
공동 물건 사용	공용의 물건을 아껴 쓴다.	1	2	3
	사무기기를 소중히 다룬다.	1	2	3
	사용한 물건은 제자리에 갖다 놓는다.	1	2	3
	유치원의 소모품을 개인 용무로 사용하지 않는다.	1	2	3
말씨와 태도	표준말을 사용한다.	1	2	3
	고운 말을 사용한다(유행어, 외래어, 은어, 비속어를 사용하지 않는다).	1	2	3
	정확한 발음으로 속도를 조절해서 말한다.	1	2	3
	남의 말을 끝까지 듣는다.	1	2	3

구분	문항	그렇게 하지 않는다. 1	보통 그렇게 한다. 2	항상 그렇게 한다. 3
말씨와 태도	동료 간에 이름을 부르거나 반말을 사용하지 않는다.	1	2	3
	자기는 앉고 상대방은 세워 놓고 대화하지 않는다.	1	2	3
회의 시간	회의나 협의시간을 정확하게 지킨다.	1	2	3
	회의시간에 졸거나 다른 생각을 하지 않는다.	1	2	3
	회의시간에 적극적으로 참여한다.	1	2	3
	다른 사람이 이야기를 끝까지 듣고 나의 의견을 말한다.	1	2	3
	이해하지 못하거나 궁금한 것이 있으면 질문한다.	1	2	3
	회의의 내용을 기록한다.	1	2	3
업무 처리	유치원의 업무를 적극적으로 파악하려고 노력한다.	1	2	3
	일의 우선순위를 정하여 체계적으로 처리한다.	1	2	3
	자신에게 맡겨진 임무를 책임감 있게 처리한다.	1	2	3
	업무와 관련된 비밀에 관한 사항은 보안에 유의한다.	1	2	3
손님 응대	손님을 보면 인사를 한다.	1	2	3
	학부모나 방문객을 먼저 본 사람이 안내를 한다.	1	2	3
	찾아온 목적에 맞게 처리한다.	1	2	3
전화 응대	전화벨이 울리면 주위에 있는 사람이 신속하게 받는다.	1	2	3
	전화를 친절하게 받는다.	1	2	3
	다른 사람이 통화하는 동안 정숙한다.	1	2	3
	다른 사람이 전화를 받았는데 그 사람이 없을 경우 메모를 남긴다.	1	2	3
	전화받을 사람이 통화 중일 때는 "잠시 기다려 주시겠습니까?" 또는 "통화가 길어질 것 같은데 그쪽으로 전화 드리라고 할까요? 전화번호 좀 가르쳐 주시겠습니까?"라고 정중하게 물어본다.	1	2	3
	다른 사람이 유치원의 위치를 물어보았을 때는 친절하게 알기 쉽게 알려 준다.	1	2	3
	유치원 전화로 사적인 전화를 오래 하지 않는다.	1	2	3
	사적인 전화를 큰소리로 받지 않는다.	1	2	3
	사적인 전화라도 교사의 품위를 생각하며 말한다.	1	2	3
	전화를 끊을 때는 상대방이 끊는 것을 확인한 후 끊는다.	1	2	3
	전화기를 소중히 다룬다.	1	2	3

출처: 교육인적자원부(2001). 유치원 교사 교육프로그램.

(2) 용모에 대한 평가

〈표 7-2〉 용모에 대한 체크리스트

구분	문항	그렇게 하지 않는다. 1	보통 그렇게 한다. 2	항상 그렇게 한다. 3
머리	머리를 자주 빗어 단정하게 한다.	1	2	3
	너무 요란한 파마를 하지 않는다.	1	2	3
	원색적인 염색이나 여러 가지 색의 염색은 피한다.	1	2	3
	앞머리를 길게 하여 눈을 가리지 않도록 한다.	1	2	3
얼굴	입 냄새가 나지 않게 주의한다.	1	2	3
	가능한 자연색을 선택하여 엷은 화장을 한다.	1	2	3
	진한 향이 나는 화장품이나 향수는 사용하지 않는다.	1	2	3
손·팔	손톱을 짧고 깨끗하게 관리한다.	1	2	3
	원색의 매니큐어를 바르지 않는다.	1	2	3
	손이나 팔에 너무 많은 장신구를 착용하지 않는다.	1	2	3
몸	몸에서 나쁜 냄새가 나지 않도록 한다.	1	2	3
	사치스러운 장신구를 착용하지 않는다.	1	2	3
	가슴이 많이 파인 옷은 피한다.	1	2	3
	무릎 위로 올라가는 짧은 치마는 피한다.	1	2	3
	단정하고 깨끗한 옷을 입는다.	1	2	3
	속이 훤히 비치는 옷은 피한다.	1	2	3
	속옷을 잘 갖추어 입는다.	1	2	3
	계절, 목적, 장소에 적절한 옷을 입는다.	1	2	3
팔·다리	발톱을 짧고 깨끗하게 관리한다.	1	2	3
	맨발로 다니지 않도록 한다.	1	2	3
	스타킹은 커피색과 살색을 기본으로 한다.	1	2	3
	반스타킹을 신었을 때 맨살이 보이지 않도록 주의한다.	1	2	3
	굽이 너무 높고 뾰족한 신발을 신지 않는다.	1	2	3
	구두는 자주 닦아 청결을 유지한다.	1	2	3

출처: 교육인적자원부(2001). 유치원 교사 교육프로그램.

(3) 출 · 퇴근 시 자세에 대한 평가

〈표 7-3〉 출·퇴근 시의 자세에 대한 체크리스트

구분	문항	그렇게 하지 않는다. 1	보통 그렇게 한다. 2	항상 그렇게 한다. 3
출근 시	적어도 출근시간 10분 전에는 출근한다.	1	2	3
	아침에 서로 만나면 눈을 마주치며 밝게 인사를 주고받는다.	1	2	3
	부득이하게 지각을 하게 될 경우 근무시간 전에 연락한다.	1	2	3
	결근을 해야 할 경우 미리 연락한다.	1	2	3
	가장 일찍 오는 교사가 각반 교실문과 유치원 현관문을 열어 둔다.	1	2	3
	교실의 창과 복도의 창을 열어 환기시킨다.	1	2	3
퇴근 시	일손을 놓고 퇴근시간만 기다리지 않는다.	1	2	3
	책상 위에 중요한 문서나 디스켓을 올려놓지 않는다.	1	2	3
	퇴근 시 교사들과 인사를 주고받는다.	1	2	3
	쓰레기통의 쓰레기를 모두 비운다.	1	2	3
	자기 반의 복도 창문과 교실 등을 점검한다.	1	2	3
	전원이 다 꺼져 있는지 점검한다.	1	2	3
	문단속을 철저히 한다.	1	2	3

출처: 교육인적자원부(2001). 유치원 교사 교육프로그램.

(4) 유아교육현장실습 평가기준에 대한 자기평가 I

번호	평가 항목	못함 ← 척도 → 잘함				
		1	2	3	4	5
1	교육목표를 달성할 수 있는 내용을 유아의 흥미, 수준에 근거하여 적합하게 선정하였는가?					
2	유아의 흥미와 능력, 사전경험을 잘 관찰하여 유아 지도계획에 활용하였는가?					
3	교육활동계획안이 적절하게 계획, 준비되어 실행에 무리가 없었는가?					
4	교육활동계획에 따라 자료를 충실히 준비하였는가?					
5	유아의 행동을 민감하게 파악하며 상호작용에 최선을 다했는가?					
6	다양한 흥미 영역에 고루 참여하여 유아의 놀이가 지속되고, 확장되도록 놀이를 촉진하였는가?					
7	유아의 기본생활습관이 형성되도록 동기를 잘 유발하였는가?					
8	집단 교육활동 시 교사로서 다양한 교수법을 활용하여 효과적으로 집단을 이끌었는가?					
9	유아의 부정적 정서나 갈등적 상황을 잘 파악하여 긍정적으로 수용하고 적절하게 해결되도록 지도하였는가?					
10	유아의 개별적 특성, 개인차를 고려하여 적절한 지도를 하였는가?					
11	유아를 존중하는 언어를 사용하고, 유아가 잘 알아들을 수 있도록 발음, 음성의 고저, 빠르기 등에 노력을 기울였는가?					
12	실습일지, 활동계획, 관찰, 평가 등을 성실히 기록하였는가?					
13	유아의 안전, 위생에 각별히 신경을 썼는가?					
14	유아의 활동참여, 놀이참여 유형, 또래 간 관계 등을 관찰하여 그 결과를 지도에 활용하였는가?					
15	교육실의 통풍, 채광, 정리·정돈 등 청결한 환경구성을 하였는가?					
16	실습기관의 지도방침에 적극적으로 협력하였는가?					
17	실습 지도교사와의 관계를 원만히 유지하며 성실히 임했는가?					
18	유아의 수준과 흥미에 적합한 활동을 계획하고 지도하고자 다양한 관련 문헌이나 자료를 찾아보고 연구하고자 노력하였는가?					
19	실습 동료들과 잘 협력하였는가?					
20	유아들과 친밀해지고 신뢰받게 되었는가?					
합계						

출처: 한국보육진흥원(2013). 양성교육기관에서의 보육실습지도.

(5) 유아교육현장실습 평가기준에 대한 자기평가II

평가요령	1(아주 못 함), 2(못 함), 3(보통), 4(잘함), 5(아주 잘함)					
평가영역	평가 항목	척도				
		1	2	3	4	5
근무태도	근무시간을 잘 지켰는가?					
	실습일지, 활동계획안, 과제 등을 기간 내에 제출하였는가?					
교사로서의 일반 자질	교육교사에 대한 긍정적인 신념을 지니고 있었는가?					
	유아에 대해 민감하고 존중하는 태도를 지녔는가?					
	용모, 복장이 단정하고 언행이 바람직했는가?					
지도능력	교육활동 지도내용에 대해 이해를 잘하고 있었는가?					
	준비성이 있었고 계획을 잘 하였는가?					
	유아 중심적이고 자율적 분위기에서 활동을 진행하였는가?					
	유아가 스스로 탐색하고 호기심을 발휘하도록 동기유발을 적절히 하였는가?					
	유아의 기본생활습관이 향상되도록 적절한 상황에서 유아의 수준에 맞는 지도를 하였는가?					
	활동자료 제시가 적절하고 융통적이었나?					
	유아와 상호작용은 질적으로 우수하게 효과적이었는가?					
	보육실에서의 행동이나 활동 진행, 놀이참여가 적극적이고 융통적이었는가?					
	유아를 지도함에 있어 자신 있게 임하였는가?					
	유아의 활동에 대한 관찰이나 평가가 적절하였는가?					
연구조사 활동	관찰활동과 활동계획에 대한 연구를 충실히 하였는가?					
	교사의 역할과 직무에 대한 제반사항을 스스로 알려고 노력하였는가?					
	알고 있는 이론을 적절히 교육현장에 적용한 후, 이를 다시 이론적으로 검토하고자 애를 썼는가?					
학급 경영 및 사무처리능력	교육실을 합리적으로 운영하고자 하는 노력을 다하였는가?					
	실습 지도교사의 제반 지시 및 사무처리 사항을 기간 내에 성실히 수행하였는가?					
전체 평가						

출처: 한국보육진흥원(2013). 양성교육기관에서의 보육실습지도.

2 기관에서의 평가

현장실습생에 대한 평가방법은 실습기관마다 차이가 있으나, 일반적으로 현장실습의 전체 기간 동안 실습생의 실습 태도 및 업무수행 능력에 대해 평가하며 실습이 종료된 후에는 종합평가를 실시하게 된다. 종합평가는 교육실습의 경우 교육부, 보육실습의 경우 한국보육진흥원에서 권장하는 현장실습평가표를 참고하여 작성하며, 현장실습 결과보고서를 작성함으로써 실습생 개인에 대한 평가를 마무리한다.

현장실습 평가의 척도가 되는 실습생의 평가기준표를 제시하면 다음과 같다.

1) 교육실습

교육부에서 권장하는 교육실습 평가기준표의 영역 및 점수배점 기준은 근무태도(10%), 자질(15%), 학습 지도능력(50%), 연구조사활동(15%), 학급 경영 및 사무처리능력(10%) 등으로 되어 있다. 현재 대부분의 유아교사 양성 대학에서는 이 규준을 채택하여 평가하고 있다.

(1) 교육실습 평가표(예시)

교육실습 평가표

평정기준 5: 대단히 항상 양호하거나 좋음
4: 비교적 양호 좋음
3: 보통
2: 비교적 좋지 않음
1: 매우 불량하거나 좋지 않음

평가영역	평가항목		5	4	3	2	1	합계	비고
근무태도	근무상태	출근상태						/10	
		근무의 성실성							
자질	원아에 대한 태도	원아와의 놀이 및 지도활동						/15	
	협동	타인을 존중하고 배려하는 인간관계와 협력적인 태도							
	품위	단정한 복장과 적절한 언어사용							
학습 지도능력	교재 연구	교재 연구의 성실성						/50	합계점수 x 2
	지도안 작성	학습목표 내용의 세분화와 조직화의 적절성							
	자료	자료의 준비성과 적절성							
	지도기술	효과적인 발문과 자료의 활용능력							
	평가기술	수업과정에서의 평가 활용							
학급 경영 및 사무처리능력	학급 경영	학급 경영의 계획과 실천성						/10	
	사무처리	사무처리의 정확성과 신속성							
기타 활동	연구활동	연구활동의 참여태도						/15	
	관찰활동	유아 관찰태도							
	실습일지	일지 작성내용의 적절성과 성실성							
총점								/100	

출처: 윤기영 외(2011).

(2) 교육실습 결과보고서(예시)

교육실습 결과보고서

1. 실습학교명:

2. 실습기간 : 년 월 일부터 년 월 일까지(주간)

3. 지도교수 및 지도교사

직명	성명	담당내용	비고

4. 실습내용

제1주	제2주	제3주	제4주

5. 실습상황

학교명 및 학과명	실습생 성명	근무태도 (10%)	자질 (15%)	학습 지도능력 (50%)	연구조사 활동 (15%)	학급 경영 및 사무처리 능력 (10%)	총평 (100%)	비고

위 사실을 증명함.

년 월 일

실습학교장 (직인)

출처: 교육부(2017). 교원자격검정 실무편람.

2) 보육실습

(1) 보육실습 평가표(예시)

보건복지부에서 권장하는 보육실습 평가기준표의 영역 및 점수배점 기준은 근무태도(10%), 보육교사로서의 일반 자질(15%), 보육활동 지도능력(50%), 연구조사활동(15%), 학급 경영 및 사무처리능력(10%) 등으로 되어 있다. 이 기준은 현재 대부분의 유아교사 양성 대학에서는 이 규준을 채택하여 평가하고 있다.

보육실습 평가표

성　　명:　　　　　　　　　　　　주민등록번호:
보육실습기간: 20　년　월　일 ~ 20　년　월　일

평가영역	평가항목	배점	점수
근무태도	근무사항(출석, 결석 사항)	10	
	성실성(근면성)		
보육교사로서의 일반 자질	책임감	15	
	열의		
	용모		
	영유아에 대한 언행과 태도		
	인성		
	보육에 대한 신념		
보육활동 지도능력	보육활동계획 및 준비	50	
	보육활동계획안 작성		
	보육활동 지도기술		
	교재 연구 및 활용기술		
	상호작용 및 놀이참여		
연구조사활동	연구 태도 및 자세	15	
	자료수집 및 분석		
	영유아 관찰 태도		
	보육실습일지 작성		
	보육이론의 적용		
학급 경영 및 사무처리능력	환경구성 능력	10	
	영유아 관리 및 지도력		
	사무처리능력		
	생활지도		
전체 평가			

20　년　월　일
보육실습 지도교사:　　　　(인)
보 육 시 설 장:　　　　(인)

출처: 한국보육진흥원(2013). 양성교육기관에서의 보육실습지도.

(2) 보육실습 결과보고서(예시)

보육실습 결과보고서

1. 보육실습생 성명:
2. 주민등록번호:
3. 보육실습기관:
4. 보육실습기간: 년 월 일 ~ 년 월 일(주간)

5. 실습내용

제1주	제2주	제3주	제4주	제5주	제6주

6. 보육실습 평가

근무태도 (10%)	일반 자질 (15%)	보육활동 지도능력 (50%)	연구조사 활동 (15%)	학급 경영 및 사무처리능력 (10%)	총평 (100%)

년 월 일

시 설 장 직인

출처: 한국보육진흥원(2013). 양성교육기관에서의 보육실습지도.

3 대학에서의 평가

대학에서는 현장실습 과정 중 실습지 순회지도를 통한 평가와 실습과목에 대한 최종 평가를 하게 된다. 먼저 지도교수는 실습 중 실습기관을 방문하여 파악한 실습생의 실습활동에 대한 정보와 자료, 그리고 참여수업 수행능력 등을 종합하여 실습생을 평가하게 된다. 평가 내용은 다음과 같다.

현장지도 평가내용	척도			
	1 매우 나쁨	2 대체로 나쁨	3 대체로 좋음	4 매우 좋음
1. 근무태도(표정 및 언어)				
2. 실습에 적합한 복장 및 용모				
3. 구성원 간의 바람직한 의사소통 기술 및 대상자별 지원 전략의 사용				
4. 실습일지 작성의 충실도				
5. 지도기관의 전반적인 실습 태도 및 기술에 대한 소견				
총 점수(20/20)				

출처: 구미대학교 유아교육과 실습지침서.

실습 과목에 대한 최종 평가는 지도교수의 평가 내용과 유아교육기관에서 평가하여 보내온 실습결과보고서 내용을 종합하여 실습생 평가가 이루어진다.

PART 3
유아교육실습의 기록

CHAPTER 8
교육활동계획안

유아교육과정에서 연간 교육계획은 교육과정의 기본개념이 담긴 생활주제로 이루어지는데 생활주제는 다시 월간 교육계획의 교육내용이 된다(임채식 외, 2005). 월간 교육계획의 각 생활주제는 다시 몇 개의 주제로 나누어지며 이 주제들은 주간 교육계획의 교육내용이 된다. 주간 교육계획의 주제들은 다시 소주제로 나누어지며 일일 교육계획의 교육내용이 된다. 일일 교육계획은 등원에서부터 귀가에 이르기까지 일과활동 시간표로 구성되며 일과 중 시간대별 단위 교육활동계획은 교사가 계획한 교육의 안을 교실에서 실제로 수행할 수 있도록 작성한 최종 계획이 된다(이기숙, 2000).

1 연간 교육계획안(예시)

연간 교육계획안은 1년 중심으로 구성되는 교육과정으로 유아의 연령에 따라 기관에 따라 교육계획안의 형식과 양식에 차이가 있다. 대개 3~5세 연령별 누리과정에서 제안하는 생활주제 및 주제를 활용하여 연간 교육계획안이 작성된다.

〈표 8-1〉 3~5세 연령별 누리과정 지도서의 생활주제와 주제

생활주제	만 3세	만 4세	만 5세
1. 유치원(어린이집)과 친구	유치원(어린이집)의 환경	유치원(어린이집)의 환경	유치원에서의 환경
	유치원(어린이집)에서의 하루	유치원(어린이집)에서의 하루	유치원에서의 하루
	유치원(어린이집)에서 만난 친구	유치원(어린이집)에서 만난 친구	유치원에서의 친구
	함께 놀이하는 유치원(어린이집)	함께 만드는 유치원(어린이집)	함께 만드는 유치원
2. 나와 가족	나의 몸과 마음	나의 몸과 마음	나의 몸과 마음
	소중한 나	소중한 나	소중한 나
	소중한 가족	소중한 가족	소중한 가족
	행복한 우리 집	가족의 생활과 문화	가족의 생활과 문화
3. 우리 동네	우리 동네 모습	우리 동네 모습	우리 동네 모습
	우리 동네 생활	우리 동네 생활	우리 동네 생활
	우리 동네 사람들	우리 동네 사람들	우리 동네 사람들
		우리 동네 전통과 문화	우리 동네 전통과 문화
4. 동식물과 자연	궁금한 동식물	궁금한 동식물	궁금한 동식물
	동물과 우리의 생활	동물과 우리의 생활	동물과 우리의 생활
	식물과 우리의 생활	식물과 우리의 생활	식물과 우리의 생활
	자연과 더불어 사는 우리	자연과 더불어 사는 우리	자연과 더불어 사는 우리
5. 건강과 안전	즐거운 운동과 휴식	즐거운 운동과 휴식	즐거운 운동과 휴식
	깨끗한 나와 환경	깨끗한 나와 환경	깨끗한 나
	맛있는 음식과 영양	맛있는 음식과 영양	맛있는 음식과 영양
	안전한 놀이와 생활	안전한 놀이	안전한 놀이

생활주제	만 3세	만 4세	만 5세
6. 생활도구	다양한 생활도구	다양한 생활도구	다양한 생활도구
	생활도구를 움직이는 힘	생활도구를 움직이는 힘	생활도구를 움직이는 힘
	생활도구로서의 미디어	생활도구로서의 미디어	생활도구로서의 미디어
		미래의 생활도구	미래의 생활도구
7. 교통기관	여러 가지 육상 교통기관	여러 가지 육상 교통기관	교통기관의 종류
	고마운 육상 교통기관	고마운 육상 교통기관	고마운 교통기관
	항공/해상 교통기관	항공/해상 교통기관	교통기관의 변천과정과 구조
	즐거운 교통기관	즐거운 교통생활	교통통신과 교통생활
8. 우리나라	우리나라 사람들의 생활	우리나라 사람들의 생활	우리나라 사람들의 생활
	우리나라의 놀이와 예술	우리나라의 놀이와 예술	우리나라의 놀이와 예술
	우리나라의 역사와 자랑거리	우리나라의 역사	우리나라의 역사
		우리나라의 자랑거리	우리나라의 자랑거리
9. 세계 여러 나라		세계 여러 나라. 사람들의 생활	세계 여러 나라 사람들의 생활
		세계 여러 나라의 문화유산	세계 여러 나라의 문화유산
		세계 여러 나라와의 교류	세계 여러 나라와의 교류
		세계의 자연과 사회 현상	세계의 자연과 사회현상
10. 환경과 생활	물과 우리 생활	물과 우리 생활	물과 우리 생활
	흙과 우리 생활	돌·흙과 우리 생활	돌·흙과 우리 생활
	바람·공기와 우리 생활	바람·공기와 우리 생활	바람·공기와 우리 생활
	빛과 우리 생활	빛과 우리 생활	빛과 우리 생활
	소리와 우리 생활	소리와 우리 생활	소리와 우리 생활
11. 봄·여름·가을·겨울	봄	봄	봄
	여름	여름	여름
	가을	가을	가을
	겨울	겨울	겨울

출처: 교육과학기술부(2013). 3세 누리과정 교사용 지도서 제1권 총론: 유치원/어린이집과 친구.

2 주간 교육활동계획안(예시)

<table>
<tr><th colspan="2">반 이름</th><td colspan="2">○○반(만 3세)</td><th>시기</th><td colspan="2">2000년 00월 0주</td></tr>
<tr><th colspan="2">생활주제</th><td colspan="2">우리 동네</td><th>주제</th><td colspan="2">우리 동네 사람들</td></tr>
<tr><th colspan="2">목표</th><td colspan="5">• 우리 동네 사람들에게 관심을 갖는다.
• 우리 동네 사람들이 하는 일에 대해 관심을 갖는다.
• 우리 동네 사람들이 하는 일을 경험한다.</td></tr>
<tr><th colspan="2">날짜(요일)</th><th>15일(월)</th><th>16일(화)</th><th>17일(수)</th><th>18일(목)</th><th>19일(금)</th></tr>
<tr><th colspan="2">소주제 / 활동</th><td colspan="2">우리 동네 사람들에게 관심가지기</td><td colspan="3">우리 동네 사람들이 하는 일 관심 가지기</td></tr>
<tr><th rowspan="7">자유선택활동</th><th>쌓기놀이 영역</th><td></td><td></td><td></td><td></td><td></td></tr>
<tr><th>역할놀이 영역</th><td colspan="2">자장면 가게 놀이</td><td colspan="3">우리 동네 주유소</td></tr>
<tr><th>언어 영역</th><td></td><td></td><td colspan="2">어떤 일을 할까요?</td><td>나는 누구일까요?</td></tr>
<tr><th>수·조작 영역</th><td></td><td></td><td colspan="3">옷을 입혀 보아요</td></tr>
<tr><th>과학 영역</th><td></td><td></td><td colspan="3">정원사는 바빠요</td></tr>
<tr><th>미술 영역</th><td colspan="2">동네 사람들의 얼굴</td><td></td><td></td><td></td></tr>
<tr><th>음률 영역</th><td></td><td>쿵쿵따따 악기 연주</td><td></td><td></td><td></td></tr>
<tr><th rowspan="3">대·소집단활동</th><th>이야기 나누기</th><td></td><td>우리 동네 사람들은 특별해요</td><td>고맙습니다</td><td>우리 동네 사람들이 하는 일</td><td></td></tr>
<tr><th>동화·동시·동극</th><td></td><td></td><td>동시: 「농부님, 농부님! 무얼 하세요?」</td><td>동화: 『누리의 동네 여행』</td><td>동화: 『나의 꿈을 찾아서!』</td></tr>
<tr><th>음악</th><td></td><td></td><td>우리를 도와주는 사람들</td><td></td><td></td></tr>
</table>

날짜(요일)	15일(월)	16일(화)	17일(수)	18일(목)	19일(금)
소주제 / 활동	우리 동네 사람들에게 관심가지기		우리 동네 사람들이 하는 일 관심 가지기		
대·소집단활동 신체	느린 발 빠른 발				
대·소집단활동 게임				나는 멋쟁이 사진사	
대·소집단활동 요리					우리 동네 한식요리사
대·소집단활동 미술					하는 일이 달라요
대·소집단활동 현장 체험					
바깥놀이활동	비오는 날 우리 동네 사람들				

출처: 교육과학기술부(2013). 3세 누리과정 교사용 지도서 제1권 총론: 유치원/어린이집과 친구.

3 일일 교육활동계획안(예시)

반 이름	○○반	시기	2000년 00월 00일 ○요일	수업일수	0/00일
생활주제	우리 동네	주제	우리 동네 사람들	소주제	우리 동네 사람들이 하는 일에 관심 가지기
목표	• 우리 동네 사람들이 하는 일에 관심을 갖고, 하는 일을 경험한다. • 우리 동네 사람들이 하는 일의 소중함을 안다.				
일과 시간표	09:00~09:10 등원 및 하루 일과 안내 09:10~10:20 오전 간식 및 자유선택활동 10:20~10:40 정리·정돈 및 화장실 다녀오기 10:40~11:00 대·소집단 활동(이야기 나누기) 11:00~11:40 바깥놀이활동			11:40~11:50 화장실 다녀오기 11:50~12:50 점심 및 휴식 12:50~13:10 대·소집단 활동(동화) 13:10~13:40 대·소집단 활동(게임) 13:40~14:00 평가 및 귀가지도	

시간/ 활동명	활동목표	활동내용	자료(•) 및 유의점(※)
09:00~ 09:10 등원 및 일과 안내	• 올바른 인사예절을 익힌다. • 일과를 알고 안정감을 갖는다.	• 선생님 친구들에게 바르게 인사한다. • 소지품을 개인장에 정리한다. • 출석을 표시한다. • 오늘의 날짜와 활동을 알아본다.	• 출석카드, 스티커, 그림 일과계획표, 날짜판
09:10~ 10:20 오전 간식 및 자유선택 활동	• 손을 깨끗이 씻는다. • 바른 자세로 간식을 먹는다.	[오전 간식] • 손을 씻고 자리에 앉는다. • 오늘의 간식을 알아보고 바르게 앉아서 맛있게 먹는다. • 자리를 정리한 후, 하고 싶은 놀이를 선택하여 놀이한다.	• 우유, 절편
	• 주유소에서 하는 일에 대해 관심을 갖고 주유원이 하는 일을 경험한다. • 주유소 놀이에 즐겁게 참여한다.	**[역할놀이 영역] 우리 동네 주유소** • 주유원 수수께끼 놀이를 한 후, 주유소를 가 본 경험에 대해 이야기 나눈다. • 주유소 놀이에 필요한 역할에 대해 이야기 나눈다. • 주유소 놀이에 필요한 소지품을 찾아보거나 함께 만든다. • 맡은 역할에 맞는 소품을 가지고 놀이한다.	• 수수께끼 그림 자료 • 다양한 종류의 블록
	• 우리 동네에서 볼 수 있는 여러 가지 직업에 관심을 갖는다. • 종이 돋보기를 활용하여 일하는 사람들의 다양한 모습을 탐색한 후, 하는 일에 대해 간단한 문장으로 말한다.	**[언어 영역] 어떤 일을 할까요?** • 비밀그림 자료와 종이 돋보기를 이용하여 직업에 따라 사람들이 일하는 모습을 탐색한다. • 흰 종이를 넣은 비밀그림 자료를 보며 소방관(주유원, 그 외의 직업)이 하는 일에 대해 이야기 나눈다. • 종이 돋보기 사용방법을 소개한다. • 원하는 직업을 선택해서 놀이한 후, 느낌에 대해 이야기 나눈다.	• 비밀 그림 자료 (소방관, 주유원, 그 외의 직업이 하는 일) • 종이 돋보기
	• 우리 동네 사람들의 직업에 대해 관심을 갖고, 직업에 따라 하는 일을 안다. • 직업에 필요한 옷과 도구를 찾는다.	**[조작 영역] 옷을 입혀 보아요** • 고흐의 '우체부 롤링' 명화를 보며 이야기 나눈다. • 직업에 따라 하는 일, 필요한 옷과 도구에 대해 이야기 나눈다. • 직업에 어울리는 옷과 도구를 찾아 옷 입혀 주기 활동을 한 후 평가를 한다.	• 자석으로 만든 사람 인형과 직업(농부, 어부, 양봉업자, 광부)을 나타내는 옷과 도구, 화이트보드 • 고흐의 '우체부 롤링'

시간/ 활동명	활동목표	활동내용	자료(•) 및 유의점(※)
09:10~ 10:20 오전 간식 및 자유선택 활동	• 우리 동네 정원과 정원사가 하는 일에 대해 관심을 갖는다. • 정원사가 되어 식물을 심고 가꾸는 일을 경험한다.	[과학 영역] 정원사는 바빠요 • 『공주와 정원사』 동화를 듣고 난 후 이야기 나눈다. • 여러 종류의 정원 모습을 살펴보고, 유치원/어린이집 정원을 꾸미기 위한 장소, 꾸미는 방법에 대해 이야기 나눈다. • 다양한 꽃모종을 이용하여 유치원/어린이집 정원을 꾸민 후 느낌에 대해 이야기 나눈다.	• 동화 『공주와 정원사』 • 정원 사진 • 다양한 꽃모종, 모종삽, 꽃가위, 앞치마, 장갑
10:20~ 10:40 정리· 정돈 및 화장실 다녀오기	• 가지고 놀이한 놀잇감을 스스로 제자리에 정리한다. • 질서를 지켜 화장실을 이용한다.	• 정리 음악에 맞추어 놀잇감을 정리한다. • 자유선택활동을 평가한다. • 모둠별로 차례를 지켜서 화장실에 다녀온다.	• 정리 음악 • 개인 수건
10:40~ 11:00 이야기 나누기	• 우리 동네 사람들이 하는 일에 대해 관심을 갖는다. • 우리 동네 사람들이 하는 일을 알고, 일의 소중함을 느낀다.	〈우리 동네 사람들이 하는 일〉 • 다양한 직업의 그림자와 칼라 그림 PPT를 보며 하는 일에 대해 이야기 나눈다. • 우리 동네 사람들이 하는 일의 소중함에 대해 이야기를 나눈 후 평가를 한다.	• 다양한 직업 PPT (사진사, 버스기사, 가게주인, 수의사, 요리사, 소방관, 미용사, 집배원)
11:00~ 11:40 바깥놀이 활동	• 정해진 약속과 규칙을 지켜 안전하게 놀이한다.	• 종합놀이기구를 이용하여 놀이한다. • 모래놀이를 한다.	• 카메라 ※바깥놀이를 나가기 전에 화장실을 다녀온다.
11:40~ 11:50 화장실 다녀오기	• 질서를 지켜 화장실을 사용한다.	• 차례를 지켜 화장실에 다녀온다.	• 개인 수건
11:50~ 12:50 점심 및 휴식	• 제자리에 앉아서 식사를 한다. • 음식을 골고루 먹는다.	• 오늘의 점심 식단을 알아본다. • 식사예절을 지키며 맛있게 점심을 먹는다. • 싫어하는 음식도 한 번씩 먹어 본다. • 식사 후 양치질을 한다. • 조용한 놀이를 하며 휴식한다.	• 혼합잡곡밥, 미역국, 김치, 멸치볶음, 콩나물무침, 딸기 • 식단표, 수저, 물통, 치약, 칫솔, 양치컵, 개인수건 ※유아가 바르게 칫솔질을 할 수 있도록 안내한다.

시간/ 활동명	활동목표	활동내용	자료(•) 및 유의점(※)
12:50~ 13:10 동화	• 우리 동네에는 사람들을 도와주는 직업이 있음을 안다. • 즐겁게 동화를 듣는다.	〈누리의 동네 여행〉 • 『누리의 동네 여행』 애니메이션을 보고 난 후 동화 내용에 대해 이야기 나눈다. • 우리 동네의 일하는 사람들에 대해 이야기 나눈다. • 동화를 듣고 난 느낌에 대해 이야기 나눈다.	• 애니메이션 『누리의 동네 여행』
13:10~ 13:40 게임	• 사진사가 하는 일에 관심을 갖고 사진사가 하는 일을 경험한다. • 규칙을 지키며 즐겁게 게임한다.	〈나는 멋쟁이 사진사〉 • 사진사가 일하는 모습에 대해 이야기 나눈다. • 사진기 사용방법에 대해 이야기 나눈다. • 게임방법과 지켜야 할 규칙에 대해 이야기 나눈다. – 유아들의 사진을 출력하여 긴 줄에 집게로 걸어 둔다. – 종이 벽돌로 만든 지지대 위에 모형 사진기를 올려 둔다. – 각 팀에서 한 명씩 나와서 출발선에 선 후 찍고 싶은 친구의 이름을 말한다. – 교사가 "나는야, 사진사!"라고 외치면 출발하여 지지대 위에 있는 모형 사진기를 이용하여 사진을 찍는다. – 사진기 셔터를 누른 뒤 줄에 걸린 친구들의 사진 중 자신이 말한 친구의 사진을 찾아서 뽑아 온다. • 게임을 한 후 느낌에 대해 이야기 나눈다.	• 『동네 사진관의 비밀』 플래시 동화, 사진사가 일하는 모습 사진 3장, 유아들의 개인 사진, 모형 사진기 2개, 지지대 2개, 집게, 긴 줄
13:40~ 14:00 평가 및 귀가지도	• 일과에 대한 자기 생각과 느낌을 표현한다. • 귀가 시 지켜야 할 규칙에 대해 안다.	• 일과를 회상해 보며 평가한다. • 귀가 시 지켜야 할 안전규칙에 대해 이야기 나눈다. • 선생님, 친구들과 인사를 나눈 후 귀가한다.	※귀가 지도 시 반드시 사전에 약속된 보호자에게 인계한다.
총평	• 주유소 놀이를 하고 싶어 하는 유아들이 많았는데 놀이를 할 수 있는 인원이 제한되어 있어서 대기자 명단을 만들어 이름을 적어 놓고 내일도 주유소 놀이를 계속하도록 하였다. • 오늘은 유아들이 종이 돋보기 자체에 큰 관심을 갖고 종이 돋보기를 조작하며 그림을 탐색하는 것에 더 많은 흥미를 느끼는 것 같았다. 내일은 그림을 보며 하는 일을 간단한 문장으로 표현하도록 좀 더 유아와 상호작용을 많이 해야 할 것 같다. • 직업의 그림자를 이용한 이야기 나누기의 도입은 유아들에게 흥미를 주었다. 유아들에게 친숙한 직업부터 제시한 것도 유아들의 흥미를 지속시키는 데 도움이 되었다. • 유아들이 부모님의 휴대전화를 사용하여 사진을 찍어 본 경험이 많았기 때문에 사진을 찍는 것에 대해 익숙하고 즐거워하였다. 사진을 찍고 싶은 친구가 집중되지 않고 다양한 유아를 선택하도록 교사가 유도할 필요가 있다는 생각이 들었다.		

출처: 교육과학기술부(2013). 3세 누리과정 교사용 지도서 제1권 총론: 유치원/어린이집과 친구.

4 단위 교육활동계획안(부분수업계획안)(예시)

<table>
<tr><td>생활주제</td><td>우리 동네</td><td>주제</td><td>우리 동네 사람들</td><td>소주제</td><td colspan="3">우리 동네 사람들이 하는 일 관심 가지기</td></tr>
<tr><td>활동명</td><td>나는 멋쟁이 사진사</td><td>활동 유형</td><td>게임</td><td>활동 형태</td><td>대집단 활동</td><td>대상 연령</td><td>만 3세</td></tr>
<tr><td>활동목표</td><td colspan="7">• 사진사가 하는 일에 대해 관심을 갖는다.
• 사진사가 하는 일을 경험한다.
• 규칙을 지키며 즐겁게 게임한다.</td></tr>
<tr><td>누리과정 관련 요소</td><td colspan="7">• 신체운동·건강: 신체활동에 참여하기 - 자발적으로 신체활동에 참여하기
• 사회관계: 사회에 관심 갖기 - 지역사회에 관심 갖고 이해하기</td></tr>
<tr><td>창의·인성 관련 요소</td><td colspan="7">• 창의성: 동기적 요소 - 호기심·흥미
• 인성: 존중 - 다른 사람들과 다른 문화에 대한 존중</td></tr>
<tr><td>활동자료</td><td colspan="7">유아들의 개인 사진, 모형 사진기 2개, 종이 벽돌로 만든 지지대 2개, 사진을 집을 수 있는 집게, 사진을 걸어 둘 수 있는 긴 줄</td></tr>
<tr><td>활동방법</td><td colspan="5">교수-활동 내용</td><td colspan="2">자료(•) 및 유의점(※)</td></tr>
<tr><td>사전활동</td><td colspan="5">〈동네 사진관의 비밀〉
1. 『동네 사진관의 비밀』 플래시 동화를 듣고 난 후 이야기 나눈다.
- 동화에 나오는 여자 아이의 아빠는 무엇을 하는 사람인가요?
- 아빠의 사진관 다락방에는 무엇이 있었나요?
2. 사진사가 일하는 모습 사진을 보며 이야기 나눈다.
- 이 사람은 누구일까요?
- 무엇을 하고 있는 모습인가요? (사진을 찍는 모습, 암실의 모습, 사진을 인화해 둔 모습)
- 사진을 찍어 본 적이 있나요?
3. 사진기의 사용 방법에 대해 이야기 나눈다.
- 사진은 어떻게 찍을까요?
- 사진기로 사진을 찍을 때 조심해야 할 점에는 어떤 것이 있을까요?</td><td colspan="2">• 그림책 『동네 사진관의 비밀』 플래시
• 사진사가 일하는 모습 사진(사진을 찍는 모습, 암실의 모습, 사진을 인화해 둔 모습)</td></tr>
</table>

<table>
<tr><th>활동방법</th><th>교수-활동 내용</th><th>자료(•) 및
유의점(※)</th></tr>
<tr><td>도입</td><td>1. 「그대로 멈춰라」 노래에 맞추어 사진 찍기 놀이를 한다.
- 즐겁게 춤을 추다가 그대로 멈춰라(찰칵)
즐겁게 춤을 추다가 그대로 멈춰라(찰칵)
2. 『동네 사진관의 비밀』 플래시 동화 내용을 회상한다.
- 동화에 나오는 여자 아이의 아빠는 무엇을 하는 사람인가요?
- 아빠의 사진관 다락방에는 무엇이 있었나요?
3. 게임활동을 소개한다.
- 이번에는 우리가 직접 사진사가 되어 친구들의 사진을 찍어 보는 게임을 할 거에요.</td><td>※사진사가 하는 일과 사진기 사용 방법에 대하여 충분히 이야기를 나눈 후에 활동을 진행한다.</td></tr>
<tr><td>전개</td><td>〈나는 멋쟁이 사진사 게임 방법〉
① 교사는 유아들의 사진을 출력하여 긴 줄에 집게로 걸어 둔다.
② 종이벽돌로 만든 지지대 위에 모형 사진기를 올려 둔다.
③ 각 팀에서 한 명씩 나와서 출발선에 선 후, 찍고 싶은 친구의 이름을 말한다.
④ 교사가 '나는 멋쟁이 사진사'라고 외치면 출발한다.
⑤ 유아는 지지대 위에 있는 모형 사진기를 이용하여 사진을 찍는다.
⑥ 사진기 셔터를 누른 뒤 줄에 걸린 친구들의 사진 중 자신이 말한 친구의 사진을 찾아서 줄에서 뽑는다.
⑦ 자신이 뽑은 사진을 가지고 출발선으로 돌아온다.

1. '나는 멋쟁이 사진사' 게임방법과 지켜야 할 규칙에 대해 이야기 나눈다.
- 여기에 무엇이 있나요?
- 누구의 사진인가요?
- 어떻게 하는 게임일까요?
- 줄에서 사진을 뽑을 때 어떻게 뽑아야 할까요?
- 사진기가 바닥에 떨어지면 어떻게 해야 할까요?
2. '나는 멋쟁이 사진사' 게임을 한다.
- 팀은 어떻게 나눌까요?
- 사진기로 원하는 친구의 모습을 찍은 후, 그 친구의 사진을 찾아와요.
- 원하는 친구의 사진을 먼저가지고 먼저 들어온 팀이 이기는 거예요.</td><td>• 유아의 개인 사진, 모형 사진기 2개, 종이 벽돌로 만든 지지대 2개, 사진을 집을 수 있는 집게, 사진을 걸어둘 수 있는 긴 줄

※유아 개인 사진뿐만 아니라 다양한 모습의 사진을 충분히 준비하여 유아들이 자신이 원하는 사진을 선택하는 데 어려움이 없도록 한다.</td></tr>
</table>

활동방법	교수-활동 내용	자료(•) 및 유의점(※)
마무리	1. '나는 멋쟁이 사진사' 게임을 하고 난 느낌에 대해 이야기 나눈다. - 사진사는 어떤 일을 하는 사람인가요? - 사진사가 되어 보니 어떤 기분이 들었나요? - 가장 재미있었던 점은 무엇인가요? - 또 찍어 보고 싶은 친구가 있나요? 2. 확장활동에 대해 인내힌다. - 다음 시간엔 또 어떤 활동을 할 수 있을까요? - 우리 동네 사람들을 잡지에서 오려서 사진관 꾸미기를 해 보아요. 3. 전이활동에 대해 소개한다. - 화장실에 다녀와서 모임자리로 모이세요.	
확장활동	• 미술 영역에서 사진기 만들기 • 우리 동네 사람들을 잡지에서 오려 사진관 꾸미기 • 수동 카메라와 디지털 카메라 관찰하기	

출처: 교육과학기술부(2013). 3세 누리과정 교사용 지도서 제1권 총론: 유치원/어린이집과 친구.

CHAPTER 9

실습일지의 구성

실습일지는 실습생이 실습기간 중 활동한 내용을 파악하고 실습 지도가 충실하게 이루어졌는지를 알 수 있는 공적인 문서이다.

실습일지의 내용은 다음과 같다.

- 실습일지 작성 시 유의사항
- 실습 시 유의사항
- 실습기관 현황
- 실습생 인적사항
- 실습생 출근부
- 실습일정표
- 실습기관의 월간 교육활동계획
- 실습기관의 주간 교육활동계획
- 실습일지
- 부분수업계획안
- 연계수업계획안
- 전일 교육(보육)계획안
- 일화기록지
- 행동관찰기록지
- 실습종합소감

① 실습일지의 표지

실습일지는 대학에서 제공되는 양식을 사용하고, 실습일지의 표지에 있는 실습교육기관 정보(유치원명, 주소, 전화번호) 및 지도교사명과 실습기간을 포함하여 실습생 자신의 정보(학번, 성명)를 빠짐없이 기록한다.

② 실습일지 작성 시 유의사항

실습일지 작성 시 유의사항을 꼼꼼히 확인하고 내용을 숙지한다. 실습일지 양식 및 작성법에 대한 의문사항이 있다면 반드시 대학의 지도교수나 학과에 문의를 하고, 실습일지 작성방법은 기관의 특성 및 요구에 맞추어 조정될 수 있다.

③ 실습기관 현황

실습생은 실습 전 기관 예비 방문을 통해 기관의 현황을 전달받아야 한다. 실습기관 현황은 유아교육기관명, 원훈, 원장 성명, 교육 철학 및 설립 이념, 연혁, 교직원 현황, 학급 수 및 원아 현황으로 나누어 기재한다. 예비 방문 시 실습기관에서 해당 자료를 받지 못했다면 실습 시 자료전달을 정중하게 부탁한다. 실습기관의 현황에 대한 정보는 기관의 홈페이지 검색을 통해서도 일부 가능하다.

④ 실습생 출근부

실습생 출근부는 출석을 증명하는 서류이므로 매일 지도교사의 확인을 받도록 한다. 유아교육기관 실습은 원칙적으로 매일 출근하여야 하며, 부득이한 경우 반드시 기관에 먼저 연락을 하고 허락을 받아야 하며, 이러한 사실을 대학에도 알려야 한다.

⑤ 실습일정표

실습일정표는 사전 방문 시 기관에서 받은 오리엔테이션 자료의 정보를 참고하여 작성한다. 하지만 실습 일정은 기관의 사정에 따라 변경될 수 있음을 이해하고 기관과 협의하여 실습생이 융통성 있게 기록하는 것이 필요하다.

⑥ 실습기관의 교육활동계획안

실습생의 실습기간 동안 교육기관에서 이루어지는 교육과정에 대한 이해가 필요하다. 이를 위해 실습기관의 지도교사 또는 기관장에게 연간, 월간, 주간 계획안을 정중히 요청하고, 이 내용을 바탕으로 실습일지를 작성하고 자신의 수업을 계획한다.

Appendix
부록

1. 교육실습일지 견본

교육실습일지

결재	실습생	지도교사	원감	원장

실습유치원	유치원명			
	주소			
	전화			
	지도교사			
	실습기간	년 월 일 ~ 년 월 일		
실습생	학교			
	학번		성명	

○○대학교

교육실습생 서약서

성 명:
소 속: ○○대학교 유아교육과

상기 본인은 귀 유치원의 교육실습생으로서 교육실습의 목적과 중요성을 충분히 이해하고 실습기간 동안 성실한 배움의 자세로 교육실습에 관한 업무 습득 및 유아교사로서의 교육능력 향상에 최선을 다하겠습니다. 또한 실습기간 중 실습기관의 제 규정을 준수하고 위반 시는 학교의 조치에 순응할 것을 서약합니다.

년 월 일

교육실습생 (인)

유치원장 귀하

교육실습유치원 현황

유치원명	
원훈	
원장성명	
교육철학 및 설립이념	
연혁	

	직위	성명	성별	경력	비고
교직원 현황					

	반명(연령)	남	여	계	담당교사	기타
학급 수 및 원아 현황						

<table>
<tr><td colspan="6">교육실습생 인적사항</td></tr>
<tr><td colspan="5">20　학년도 유아교육과　　학년</td><td rowspan="4">사진</td></tr>
<tr><td rowspan="2">성명</td><td>한글</td><td colspan="2"></td><td>성별</td></tr>
<tr><td>한문</td><td colspan="2"></td><td>남 □ / 여 □</td></tr>
<tr><td>생년월일</td><td colspan="4">년　　월　　일 (만　　세)</td></tr>
<tr><td rowspan="2">현 주소</td><td colspan="3" rowspan="2"></td><td>자택전화</td><td></td></tr>
<tr><td>휴대폰</td><td></td></tr>
<tr><td>거주 구분</td><td colspan="3">본가 □ / 친척 □ / 자취 □ / 기타 □</td><td>보호자 연락처</td><td></td></tr>
<tr><td>종교</td><td colspan="3"></td><td>특기 및 취미</td><td></td></tr>
<tr><td>학력</td><td colspan="5">고등학교　　　　년　졸업
대학교 유아교육과　　　　년　졸업예정</td></tr>
<tr><td rowspan="7">가족</td><td colspan="2">성명</td><td>연령</td><td colspan="2">본인과의 관계</td></tr>
<tr><td colspan="2"></td><td></td><td colspan="2"></td></tr>
<tr><td colspan="2"></td><td></td><td colspan="2"></td></tr>
<tr><td colspan="2"></td><td></td><td colspan="2"></td></tr>
<tr><td colspan="2"></td><td></td><td colspan="2"></td></tr>
<tr><td colspan="2"></td><td></td><td colspan="2"></td></tr>
<tr><td colspan="2"></td><td></td><td colspan="2"></td></tr>
<tr><td>졸업 후
희망진로</td><td colspan="5">1.
2.</td></tr>
<tr><td colspan="6">특기란</td></tr>
<tr><td colspan="6">실습 유아교육기관명:　　　　　　　　　　　전화:</td></tr>
</table>

교육실습생 출근부

실습생 성명:

실습기간:

주					
1주	월 일 요일	월 일 요일	월 일 요일	월 일 요일	월 일 요일
2주	월 일 요일	월 일 요일	월 일 요일	월 일 요일	월 일 요일
3주	월 일 요일	월 일 요일	월 일 요일	월 일 요일	월 일 요일
4주	월 일 요일	월 일 요일	월 일 요일	월 일 요일	월 일 요일
5주	월 일 요일	월 일 요일	월 일 요일	월 일 요일	월 일 요일

결근 수 :

지각 수 :

조퇴 수 :

★ 실습생은 출근월일을 기입하고 본인의 도장으로 날인한다.
결근, 지각, 조퇴 시 실습유아교육기관 측이 날인한다.

주간 교육계획

1주 교육계획

월/일	요일	활동주제	학습활동	자료 및 준비물
/				
/				
/				
/				
/				

2주 교육계획				
월/일	요일	활동주제	학습활동	자료 및 준비물
/				
/				
/				
/				
/				

3주 교육계획				
월/일	요일	활동주제	학습활동	자료 및 준비물
/				
/				
/				
/				
/				

4주 교육계획				
월/일	요일	활동주제	학습활동	자료 및 준비물
/				
/				
/				
/				
/				

실습기관의 연간 교육활동계획안

실습기관의 주간 교육활동계획안 (1주)

실습기관의 주간 교육활동계획안 (2주)

실습기관의 주간 교육활동계획안 (3주)

실습기관의 주간 교육활동계획안 (4주)

<table>
<tr><td colspan="7">교육실습일지</td></tr>
<tr><td>날짜</td><td>월 일 요일</td><td rowspan="3">결재</td><td>지도교사</td><td>원감</td><td colspan="2">원장</td></tr>
<tr><td>생활주제</td><td></td><td rowspan="2">印</td><td rowspan="2">印</td><td colspan="2" rowspan="2">印</td></tr>
<tr><td>소주제</td><td></td></tr>
<tr><td>활동목표</td><td colspan="6"></td></tr>
<tr><td>일일시간표</td><td colspan="6"></td></tr>
<tr><td>시간 / 활동명</td><td colspan="3">활동 방법</td><td colspan="3">자료(•) 및
지도상 유의점(※)</td></tr>
<tr><td></td><td colspan="3"></td><td colspan="3"></td></tr>
</table>

유의사항 및 전달사항		
실습생 평가		
지도교사 조언		

<table>
<tr><th colspan="8">부분수업계획안</th></tr>
<tr><td colspan="2">활동유형</td><td></td><td>활동명</td><td></td><td>대상연령</td><td></td><td>집단형태</td><td></td></tr>
<tr><td colspan="2">일시</td><td></td><td>주제</td><td></td><td>소주제</td><td></td><td>활동시간</td><td></td></tr>
<tr><td colspan="2">활동목표</td><td colspan="7"></td></tr>
<tr><td colspan="2">누리과정
관련 요소</td><td colspan="7"></td></tr>
<tr><td colspan="2">창의·인성
관련 요소</td><td colspan="7"></td></tr>
<tr><td colspan="2">활동자료</td><td colspan="7"></td></tr>
<tr><td>활동
순서</td><td>소요
시간</td><td colspan="7">활동방법</td></tr>
<tr><td>도입</td><td></td><td colspan="7"></td></tr>
<tr><td>전개</td><td></td><td colspan="7"></td></tr>
<tr><td>마무리</td><td></td><td colspan="7"></td></tr>
</table>

활동방법	교수-활동 내용	자료(•) 및 지도상 유의점(※)
도입		
전개		
마무리		
총평		

<table>
<tr><th colspan="9">연계수업계획안</th></tr>
<tr><td colspan="2">활동유형</td><td></td><td>활동명</td><td></td><td>대상연령</td><td></td><td>집단형태</td><td></td></tr>
<tr><td colspan="2">일시</td><td></td><td>주제</td><td></td><td>소주제</td><td></td><td>활동시간</td><td></td></tr>
<tr><td colspan="2">활동목표</td><td colspan="7"></td></tr>
<tr><td colspan="2">누리과정
관련 요소</td><td colspan="7"></td></tr>
<tr><td colspan="2">창의·인성
관련 요소</td><td colspan="7"></td></tr>
<tr><td colspan="2">활동자료</td><td colspan="7"></td></tr>
<tr><td>활동
순서</td><td>소요
시간</td><td colspan="7">활동방법</td></tr>
<tr><td>도입</td><td></td><td colspan="7"></td></tr>
<tr><td>전개</td><td></td><td colspan="7"></td></tr>
<tr><td>마무리</td><td></td><td colspan="7"></td></tr>
</table>

활동방법	교수-활동 내용	자료(•) 및 지도상 유의점(※)
도입		
전개		
마무리		
총평		

<table>
<tr><td colspan="2">활동유형</td><td></td><td>활동명</td><td></td><td>대상연령</td><td></td><td>집단형태</td><td></td></tr>
<tr><td colspan="2">일시</td><td></td><td>주제</td><td></td><td>소주제</td><td></td><td>활동시간</td><td></td></tr>
<tr><td colspan="2">활동목표</td><td colspan="7"></td></tr>
<tr><td colspan="2">누리과정
관련 요소</td><td colspan="7"></td></tr>
<tr><td colspan="2">창의·인성
관련 요소</td><td colspan="7"></td></tr>
<tr><td colspan="2">활동자료</td><td colspan="7"></td></tr>
<tr><td>활동
순서</td><td>소요
시간</td><td colspan="7">활동방법</td></tr>
<tr><td>도입</td><td></td><td colspan="7"></td></tr>
<tr><td>전개</td><td></td><td colspan="7"></td></tr>
<tr><td>마무리</td><td></td><td colspan="7"></td></tr>
</table>

활동방법	교수-활동 내용	자료(•) 및 지도상 유의점(※)
도입		
전개		
마무리		
총평		

전일교육활동계획안

반 이름		시기		수업일수	/ 일
생활주제		주제		소주제	
목표					
일과 시간표					

시간/ 활동명	활동목표	활동내용	자료(•) 및 지도상 유의점(※)

실습생 소감	
지도교사 조언	
협의 및 전달사항	

일화기록

★유아의 행동, 개성, 특징을 이해하기 위한 것으로 실습기관에서 일어나는 모습을 그대로 기록한다. 관찰자가 객관적이고 명확하게 기록을 해야 한다.

<table>
<tr><td>관찰유아</td><td></td><td>생년월일</td><td>년 월 일</td><td>성별</td><td></td></tr>
<tr><td>관찰자</td><td></td><td>관찰일시</td><td colspan="3">년 월 일 (: ~ :)</td></tr>
<tr><td>관찰 장면</td><td colspan="5"></td></tr>
<tr><td colspan="6">관찰기록</td></tr>
<tr><td colspan="6">분석</td></tr>
</table>

유아행동관찰기록지

- 관찰유아 성명: ______________
- 성　　별: ______________
- 생 년 월 일: ______________
- 관 찰 일 자: ______________

횟수	1회	2회	3회
관찰일	월　　일	월　　일	월　　일

1. 관찰할 유아를 선택한다(특별한 행동, 문제행동을 보이는 유아 등을 선택).
2. 체크리스트에 있는 행동이 나타나면 ✔로 표시한다.
3. 체크리스트를 토대로 발달영역별로 요약하여 유아행동관찰을 작성한다.

영역	내용	1회	2회	3회
기본생활습관	정리·정돈을 할 수 있다(장난감, 작업, 간식 책상).			
	간식/식사 전에 손을 씻는다.			
	규칙(차례, 약속)을 잘 지키는 편이다.			
	어른에게 존댓말을 사용한다.			
	음식을 골고루 먹는다.			
	낮잠을 잔다.			
	교사의 지시를 잘 이해하고 따른다.			
	물건을 소중히 다루고 아껴 쓴다.			
	'고마워, 괜찮아, 미안해' 등의 말을 적절하게 사용한다.			
	혼자서 옷을 입을 수 있다.			
	화장실 사용 후 뒤처리를 혼자 한다.			
신체발달	자세가 바르다(앉을 때, 걸을 때, 서 있을 때).			
	행동이 민첩하다.			
	손잡이나 병뚜껑을 쉽게 돌린다.			
	바깥놀이에 활발히 참여한다.			

영역	내용	1회	2회	3회
신체발달	손 사용하는 데 있어서 선호도를 보인다(왼손, 오른손).			
	주스나 우유를 흘리지 않고 따를 수 있다.			
	단추를 열고 잠글 수 있다.			
	가위질을 할 수 있다.			
인지발달	질문을 많이 한다.			
	사물을 주의 깊게 본다.			
	상식이 풍부하다.			
	문제 상황이 생겼을 때 다양한 방법으로 해결을 시도한다.			
	계절, 낮, 밤, 날씨, 식물의 변화 등 자연현상에 관심이 있다.			
	기본 도형의 이름을 안다.			
	기본 색깔의 이름을 안다.			
	5까지는 합리적인 수 세기를 한다.			
	사물의 수량이 많고 적음을 보고 변별한다.			
	일상생활에서 사용되는 수의 활용에 관심을 갖는다.			
	자신을 중심으로 위, 아래, 앞, 뒤를 구별한다.			
	자신을 중심으로 왼쪽, 오른쪽을 안다.			
	하루 전에 무슨 일이 일어났는지를 안다.			
	하루 일과의 순서를 안다.			
	사물을 한 가지 속성에 따라 분류한다(색, 모양, 크기).			
언어발달	주의 깊게 듣는다.			
	기초적인 낱말과 문장을 듣고 이해한다.			
	분명한 발음으로 말한다.			
	자신의 의견을 분명히 말한다.			
	또래와 대화를 할 수 있다.			
	상황에 따라 알맞게 말할 수 있다.			
	이야기를 듣고 기억해 내어 이야기한다.			
	교사가 나타내는 신호나 지시에 따른다.			
	읽어 준 글을 자기 생각대로 이해하여 순서대로 말한다.			
	글자에 관심을 보인다.			

영역	내용	1회	2회	3회
언어발달	자기 이름과 간단한 글자를 읽는다.			
	어른의 도움 없이 혼자 책을 읽는다.			
	책 읽기를 즐겨한다.			
	새로 내놓은 책에 관심을 갖는다.			
	연필을 바로 쥔다.			
	바르게 앉아서 쓴다.			
	창의적으로 이야기를 꾸며 말을 할 수 있다.			
	어른의 도움 없이 혼자 책을 읽는다.			
	어른의 도움 없이 혼자 문장을 쓴다.			
친사회성 발달	다른 사람의 감정을 이해하고 그에 맞는 말이나 행동을 한다.			
	친구와 나누어 쓸 수 있다.			
	친구에게 양보할 줄 안다.			
	놀이나 작업을 할 때 협동을 잘 한다.			
	다른 사람의 부탁을 들어 준다.			
	친구나 교사를 잘 도와준다.			
표현력과 창의력	음악이나 악기소리에 맞추어 몸을 움직인다.			
	악기를 연주하는 일에 관심을 보인다.			
	자기 생각과 느낌을 그림으로 표현할 수 있다.			
	독창적이고 다양한 형태의 표현을 시도한다.			
	여러 가지 재료를 이용하여 다양한 방법으로 만들고 꾸밀 수 있다.			
	역할놀이에서 맡은 역할을 잘 해낸다.			
	놀이의 주제를 다양하게 선택한다.			

출처: 황재익 · 임재택(1996). 영유아관찰 및 평가. 경기: 양서원

유아교육현장실습 평가기준에 대한 자기평가 I

번호	평가 항목	못함	←	척도	→	잘함
		1	2	3	4	5
1	교육목표를 달성할 수 있는 내용을 유아의 흥미, 수준에 근거하여 적합하게 선정하였는가?					
2	유아의 흥미와 능력, 사전경험을 잘 관찰하여 유아 지도계획에 활용하였는가?					
3	교육활동계획안이 적절하게 계획, 준비되어 실행에 무리가 없었는가?					
4	교육활동계획에 따라 자료를 충실히 준비하였는가?					
5	유아의 행동을 민감하게 파악하며 상호작용에 최선을 다했는가?					
6	다양한 흥미 영역에 고루 참여하여 유아의 놀이가 지속되고, 확장되도록 놀이를 촉진하였는가?					
7	유아의 기본생활습관이 형성되도록 동기를 잘 유발하였는가?					
8	집단 교육활동 시 교사로서 다양한 교수법을 활용하여 효과적으로 집단을 이끌었는가?					
9	유아의 부정적 정서나 갈등적 상황을 잘 파악하여 긍정적으로 수용하고 적절하게 해결되도록 지도하였는가?					
10	유아의 개별적 특성, 개인차를 고려하여 적절한 지도를 하였는가?					
11	유아를 존중하는 언어를 사용하고, 유아가 잘 알아들을 수 있도록 발음, 음성의 고저, 빠르기 등에 노력을 기울였는가?					
12	실습일지, 활동계획, 관찰, 평가 등을 성실히 기록하였는가?					
13	유아의 안전, 위생에 각별히 신경을 썼는가?					
14	유아의 활동참여, 놀이참여 유형, 또래 간 관계 등을 관찰하여 그 결과를 지도에 활용하였는가?					
15	교육실의 통풍, 채광, 정리·정돈 등 청결한 환경구성을 하였는가?					
16	실습기관의 지도방침에 적극적으로 협력하였는가?					
17	실습 지도교사와의 관계를 원만히 유지하며 성실히 임했는가?					
18	유아의 수준과 흥미에 적합한 활동을 계획하고 지도하고자 다양한 관련 문헌이나 자료를 찾아보고 연구하고자 노력하였는가?					
19	실습 동료들과 잘 협력하였는가?					
20	유아들과 친밀해지고 신뢰받게 되었는가?					
합계						

유아교육현장실습 평가기준에 대한 자기평가 II

평가요령	1 - 아주 못함 2 - 못함 3 - 보통 4 - 잘함 5 - 아주 잘함					
평가영역	평가 항목	척도				
		1	2	3	4	5
근무태도	근무시간을 잘 지켰는가?					
	실습일지, 활동계획인, 과제 등을 기간 내에 제출하였는가?					
교사로서의 일반 자질	교육교사에 대한 긍정적인 신념을 지니고 있었는가?					
	유아에 대해 민감하고 존중하는 태도를 지녔는가?					
	용모, 복장이 단정하고 언행이 바람직했는가?					
지도능력	교육활동 지도내용에 대해 이해를 잘하고 있었는가?					
	준비성이 있었고 계획을 잘하였는가?					
	유아 중심적이고 자율적 분위기에서 활동을 진행하였는가?					
	유아가 스스로 탐색하고 호기심을 발휘하도록 동기유발을 적절히 하였는가?					
	유아의 기본생활습관이 향상되도록 적절한 상황에서 유아의 수준에 맞는 지도를 하였는가?					
	활동자료 제시가 적절하고 융통적이었나?					
	유아와 상호작용은 질적으로 우수하게 효과적이었는가?					
	보육실에서의 행동이나 활동 진행, 놀이참여가 적극적이고 융통적이었는가?					
	유아를 지도함에 있어 자신 있게 임하였는가?					
	유아의 활동에 대한 관찰이나 평가가 적절하였는가?					
연구조사 활동	관찰활동과 활동계획에 대한 연구를 충실히 하였는가?					
	교사의 역할과 직무에 대한 제반사항을 스스로 알려고 노력하였는가?					
	알고 있는 이론을 적절히 교육현장에 적용한 후, 이를 다시 이론적으로 검토하고자 애를 썼는가?					
학급 경영 및 사무처리능력	교육실을 합리적으로 운영하고자 하는 노력을 다하였는가?					
	실습 지도교사의 제반 지시 및 사무처리 사항을 기간 내에 성실히 수행하였는가?					
전체 평가						

실습종합소감

교육실습 결과보고서

1. 실습학교명:

2. 실습기간: 년 월 일부터 년 월 일까지(주간)

3. 지도교수 및 지도교사

직명	성명	담당내용	비고

4. 실습내용

제1주	제2주	제3주	제4주

5. 실습상황

학교명 및 학과명	실습생 성명	근무태도 (10%)	자질 (15%)	학습 지도능력 (50%)	연구조사 활동 (15%)	학급 경영 및 사무처리능력 (10%)	총평 (100%)	비고

위 사실을 증명함.

년 월 일

실습학교장 (직인)

보육실습 결과보고서

1. 보육실습생 성명:
2. 주민등록번호:
3. 보육실습기관:
4. 보육실습기간: 년 월 일 ~ 년 월 일(주간)

5. 실습내용

제1주	제2주	제3주	제4주	제5주	제6주

6. 보육실습 평가

근무태도 (10%)	일반 자질 (15%)	보육활동 지도능력 (50%)	연구조사 활동 (15%)	학급 경영 및 사무처리능력 (10%)	총평 (100%)

년 월 일

시 설 장 직인

2. 총론 및 3~5세 누리과정 5개 영역 연령별 세부내용

누리과정 총론	
구성방향	1. 질서, 배려, 협력 등 기본생활습관과 바른 인성을 기르는 데 중점을 두어 구성한다. 2. 자율성과 창의성을 기르는 데 중점을 두고, 전인발달을 이루도록 구성한다. 3. 사람과 자연을 존중하고, 우리 문화를 이해하는 데 중점을 두어 구성한다. 4. 만 3~5세 아의 발달특성을 고려하여 연령별로 구성한다. 5. 신체운동 · 건강, 의사소통, 사회관계, 예술경험, 자연탐구의 5개 영역을 중심으로 구성한다. 6. 초등학교 교육과정과 0~2세 표준보육과정과의 연계성을 고려하여 구성한다.
목적	누리과정은 만 3~5세 유아의 심신의 건강과 조화로운 발달을 도와 민주시민의 기초를 형성하는 것을 목적으로 한다.
목표	1. 기본 운동능력과 건강하고 안전한 생활습관을 기른다. 2. 일상생활에 필요한 의사소통 능력과 바른 언어사용습관을 기른다. 3. 자신을 존중하고 다른 사람과 더불어 생활하는 능력과 태도를 기른다. 4. 아름다움에 관심을 가지고 예술경험을 즐기며, 창의적으로 표현하는 능력을 기른다. 5. 호기심을 가지고 주변 세계를 탐구하며, 일상생활에서 수학적·과학적으로 생각하는 능력과 태도를 기른다.
편성	1. 1일 4~5시간을 기준으로 편성한다. 2. 5개 영역의 내용을 균형 있게 통합적으로 편성한다. 3. 유아의 발달특성 및 경험을 고려하여 놀이를 중심으로 편성한다. 4. 반(학급) 특성에 따라 융통성 있게 편성한다. 5. 성별, 종교, 신체적 특성, 가족 및 민족 배경 등으로 인한 편견이 없도록 편성한다. 6. 일과 운영시간에 따라 심화·확장할 수 있도록 편성한다.
운영	1. 연간, 월간, 주간, 일일 계획에 의거하여 운영한다. 2. 실내·외 환경을 다양한 흥미 영역으로 구성하여 운영한다. 3. 유아의 능력과 장애 정도에 따라 조정하여 운영한다. 4. 부모와 각 기관의 실정에 따라 부모교육을 실시한다. 5. 가정과 지역사회와의 협력과 참여를 기반으로 하여 운영한다. 6. 교사 재교육을 통해서 누리과정 활동이 개선되도록 운영한다.

교수·학습방법	1. 놀이를 중심으로 교수-학습활동이 이루어지도록 한다. 2. 유아의 흥미를 중심으로 활동을 선택하고 지속할 수 있도록 한다. 3. 유아의 생활 속 경험을 소재로 하여 지식, 기능, 태도 및 가치를 습득하도록 한다. 4. 유아와 교사, 유아와 유아, 유아와 환경 간에 능동적인 상호작용이 이루어지도록 한다. 5. 주제를 중심으로 여러 활동이 통합적으로 이루어지도록 한다. 6. 실내·실외 활동, 정적·동적 활동, 대·소집단 활동 및 개별 활동, 휴식 등이 균형 있게 이루어지도록 한다. 7. 유아의 관심과 흥미, 발달이나 환경 특성 등을 고려하여 개별 유아에게 적합한 방식으로 학습하도록 한다.
평가	[누리과정 운영 평가] 1. 운영 내용이 누리과정의 목표와 내용에 근거하여 편성·운영되었는지 평가한다. 2. 운영 내용 및 활동이 유아의 발달수준과 흥미·요구에 적합한지를 평가한다. 3. 교수-학습방법이 유아의 흥미와 활동의 특성에 적합한지를 평가한다. 4. 운영 환경이 유아의 발달특성과 활동의 주제, 내용 및 효율성 등을 고려하여 구성되었는지를 평가한다. 5. 계획안 분석, 수업 참관 및 모니터링, 평가척도 등 다양한 방법을 활용하여 평가한다. 6. 운영 평가의 결과를 반영하여 운영계획을 수정·보완하거나 이후 누리과정 편성·운영에 활용한다.
	[유아 평가] 1. 누리과정 목표와 내용에 근거하여 유아의 특성과 변화 정도를 평가한다. 2. 유아의 지식, 기능, 태도를 포함하여 평가한다. 3. 유아의 일상생활과 누리과정 활동 전반에 걸쳐 평가한다. 4. 관찰, 활동 결과물 분석, 부모면담 등 다양한 방법을 사용하여 종합적으로 평가하고, 그 결과를 기록한다. 5. 유아 평가결과는 유아에 대한 이해와 누리과정 운영 개선 및 부모 면담 자료로 활용할 수 있다.

신체운동 · 건강

목표: 기본운동능력과 건강하고 안전한 생활습관을 기른다.

1. 신체 인식하기 － 감각능력을 기르고, 자신의 신체를 긍정적으로 인식한다.
2. 신체조절과 기본운동하기 － 신체를 조절하고 기본운동능력을 기른다.
3. 신체활동에 참여하기 － 신체활동에 즐겁게 참여한다.
4. 건강하게 생활하기 － 건강한 생활습관을 기른다.
5. 안전하게 생활하기 － 안전한 생활습관을 기른다.

<table>
<tr><th>내용 범주</th><th>내용</th><th>3세</th><th>4세</th><th>5세</th></tr>
<tr><td rowspan="4">신체 인식 하기</td><td rowspan="2">감각능력 기르고 활용하기</td><td>감각적 차이를 경험한다.</td><td>감각적 차이를 구분한다.</td><td>감각으로 대상이나 사물의 특성과 차이를 구분한다.</td></tr>
<tr><td>감각기관을 인식하고, 활용해 본다.</td><td colspan="2">여러 감각기관을 협응하여 활용한다.</td></tr>
<tr><td rowspan="2">신체를 인식하고 움직이기</td><td>신체 각 부분의 명칭을 알고, 움직임에 관심을 갖는다.</td><td colspan="2">신체 각 부분의 특성을 이해하고 활용하여 움직인다.</td></tr>
<tr><td colspan="3">자신의 신체를 긍정적으로 인식하고 움직인다.</td></tr>
<tr><td rowspan="7">신체 조절과 기본 운동 하기</td><td rowspan="5">신체 조절하기</td><td>신체균형을 유지해 본다.</td><td colspan="2">다양한 자세와 움직임에서 신체균형을 유지한다.</td></tr>
<tr><td>공간, 힘, 시간 등의 움직임 요소를 경험한다.</td><td colspan="2">공간, 힘, 시간 등의 움직임 요소를 활용하여 움직인다.</td></tr>
<tr><td>신체 각 부분의 움직임을 조절해 본다.</td><td colspan="2">신체 각 부분을 협응하여 움직임을 조절한다.</td></tr>
<tr><td colspan="3">눈과 손을 협응하여 소근육을 조절해 본다.</td></tr>
<tr><td></td><td></td><td>도구를 활용하여 여러 가지 조작운동을 한다.</td></tr>
<tr><td rowspan="2">기본운동 하기</td><td>걷기, 달리기 등 이동운동을 한다.</td><td colspan="2">걷기, 달리기, 뛰기 등 다양한 이동운동을 한다.</td></tr>
<tr><td>제자리에서 몸을 움직여 본다.</td><td colspan="2">제자리에서 몸을 다양하게 움직인다.</td></tr>
</table>

<table>
<tr><th colspan="5">신체운동 · 건강</th></tr>
<tr><th>내용 범주</th><th>내용</th><th>3세</th><th>4세</th><th>5세</th></tr>
<tr><td rowspan="5">신체 활동에 참여 하기</td><td rowspan="3">자발적으로 신체활동에 참여하기</td><td>신체활동에 자발적으로 참여한다.</td><td colspan="2">신체활동에 자발적이고 지속적으로 참여한다.</td></tr>
<tr><td colspan="3">다른 사람과 함께하는 신체활동에 참여한다.</td></tr>
<tr><td></td><td>자신과 다른 사람의 운동능력의 차이에 관심을 갖는다.</td><td>자신과 다른 사람의 운동능력의 차이를 이해한다.</td></tr>
<tr><td>바깥에서 신체활동 하기</td><td colspan="3">규칙적으로 바깥에서 신체활동을 한다.</td></tr>
<tr><td>기구를 이용하여 신체활동 하기</td><td colspan="3">여러 가지 기구를 이용하여 신체활동을 한다.</td></tr>
<tr><td rowspan="10">건강 하게 생활 하기</td><td rowspan="2">몸과 주변을 깨끗이 하기</td><td colspan="2">손과 이를 깨끗이 하는 방법을 알고 실천한다.</td><td>스스로 몸을 깨끗이 하는 습관을 기른다.</td></tr>
<tr><td>주변을 깨끗이 한다.</td><td colspan="2">주변을 깨끗이 하는 습관을 기른다.</td></tr>
<tr><td rowspan="3">바른 식생활하기</td><td colspan="2">음식을 골고루 먹는다.</td><td>적당량의 음식을 골고루 먹는다.</td></tr>
<tr><td>몸에 좋은 음식에 관심을 갖는다.</td><td>몸에 좋은 음식을 알아본다.</td><td>몸에 좋은 음식을 선택할 수 있다.</td></tr>
<tr><td>바른 태도로 식사한다.</td><td colspan="2">음식을 소중히 여기고 식사예절을 지킨다.</td></tr>
<tr><td rowspan="3">건강한 일상생활 하기</td><td colspan="3">규칙적으로 잠을 자고, 적당한 휴식을 취한다.</td></tr>
<tr><td colspan="3">하루 일과에 즐겁게 참여한다.</td></tr>
<tr><td>스스로 화장실에서 배변한다.</td><td>바른 배변습관을 가진다.</td><td>규칙적인 배변습관을 가진다.</td></tr>
<tr><td rowspan="2">질병 예방하기</td><td>질병의 위험을 알고 주의한다.</td><td colspan="2">질병을 예방하는 방법을 알고 실천한다.</td></tr>
<tr><td>날씨에 맞게 옷을 입는다.</td><td colspan="2">날씨와 상황에 알맞게 옷을 입는다.</td></tr>
</table>

<table>
<tr><th colspan="5">신체운동 · 건강</th></tr>
<tr><th>내용범주</th><th>내용</th><th>3세</th><th>4세</th><th>5세</th></tr>
<tr><td rowspan="7">안전하게 생활하기</td><td rowspan="3">안전하게 놀이하기</td><td colspan="2">놀이기구나 놀잇감, 도구를 안전하게 사용한다.</td><td>놀이기구나 놀잇감, 도구의 바른 사용법을 알고 안전하게 사용한다.</td></tr>
<tr><td>안전한 놀이장소를 안다</td><td colspan="2">안전한 장소를 알고 안전하게 놀이한다.</td></tr>
<tr><td>TV, 인터넷, 통신기기 등을 바르게 사용한다.</td><td colspan="2">TV, 인터넷, 통신기기 등의 위해성을 알고, 바르게 사용한다.</td></tr>
<tr><td rowspan="2">교통안전 규칙 지키기</td><td>교통안전 규칙을 안다.</td><td colspan="2">교통안전 규칙을 알고 지킨다.</td></tr>
<tr><td colspan="3">교통수단을 안전하게 이용한다.</td></tr>
<tr><td rowspan="2">비상시 적절히 대처하기</td><td>학대, 성폭력, 실종, 유괴 상황을 알고 도움을 요청한다.</td><td colspan="2">학대, 성폭력, 실종, 유괴 상황 시 도움을 요청하는 방법을 알고 행동한다.</td></tr>
<tr><td>재난 및 사고 등 비상시 적절하게 대처하는 방법을 안다.</td><td colspan="2">재난 및 사고 등 비상시 적절하게 대처하는 방법을 알고 행동한다.</td></tr>
</table>

출처: 교육부 · 보건복지부(2013). 3-5세 연령별 누리과정해설서.

의사소통

목표: 일상생활에 필요한 의사소통 능력과 바른 언어사용습관을 기른다.

1. 듣기 – 다른 사람의 말을 주의 깊게 듣는 태도와 이해하는 능력을 기른다.
2. 말하기 – 자신의 생각과 느낌을 말하는 능력을 기른다.
3. 읽기 – 글자와 책에 친숙해지는 경험을 통하여 글자 모양을 인식하고 읽기에 흥미를 가진다.
4. 쓰기 – 말과 글의 관계를 알고 자신의 생각, 느낌, 경험을 글로 표현하는 데 관심을 가진다.

<table>
<tr><th>내용
범주</th><th>내용</th><th>3세</th><th>4세</th><th>5세</th></tr>
<tr><td rowspan="8">듣기</td><td rowspan="2">낱말과 문장 듣고 이해하기</td><td colspan="2">낱말의 발음에 관심을 가지고 듣는다.</td><td>낱말의 발음에 관심을 가지고 비슷한 발음을 듣고 구별한다.</td></tr>
<tr><td colspan="2">일상생활과 관련된 낱말과 문장을 듣고 뜻을 이해한다.</td><td>다양한 낱말과 문장을 듣고 뜻을 이해한다.</td></tr>
<tr><td rowspan="2">이야기 듣고 이해하기</td><td>다른 사람의 이야기를 관심 있게 듣는다.</td><td colspan="2">다른 사람의 이야기를 듣고 이해한다.</td></tr>
<tr><td></td><td colspan="2">이야기를 듣고 궁금한 것에 대해 질문한다.</td></tr>
<tr><td rowspan="2">동요, 동시, 동화 듣고 이해하기</td><td colspan="2">동요, 동시, 동화를 다양한 방법으로 듣고 즐긴다.</td><td>동요, 동시, 동화를 다양한 방법으로 듣고 이해한다.</td></tr>
<tr><td></td><td colspan="2">전래 동요, 동시, 동화를 듣고 우리말의 재미를 느낀다.</td></tr>
<tr><td>바른 태도로 듣기</td><td>말하는 사람을 바라보며 듣는다.</td><td>다른 사람의 이야기를 주의 깊게 듣는다.</td><td>다른 사람의 이야기를 끝까지 주의 깊게 듣는다.</td></tr>
<tr style="display:none"></tr>
<tr><td rowspan="3">말하기</td><td rowspan="3">낱말과 문장으로 말하기</td><td>친숙한 낱말을 발음해 본다.</td><td>친숙한 낱말을 정확하게 발음해 본다.</td><td>정확한 발음으로 말한다.</td></tr>
<tr><td>새로운 낱말에 관심을 가진다.</td><td>다양한 낱말을 사용하여 말한다.</td><td>다양한 낱말을 사용하여 상황에 맞게 말한다.</td></tr>
<tr><td colspan="2">일상생활에서 일어나는 일들을 간단한 문장으로 말한다.</td><td>일상생활에서 일어나는 일들을 다양한 문장으로 말한다.</td></tr>
</table>

<table>
<tr><th colspan="5">의사소통</th></tr>
<tr><th>내용 범주</th><th>내용</th><th>3세</th><th>4세</th><th>5세</th></tr>
<tr><td rowspan="6">말하기</td><td rowspan="3">느낌, 생각, 경험 말하기</td><td>자신의 느낌, 생각, 경험을 말해본다.</td><td>자신의 느낌, 생각, 경험을 말한다.</td><td>자신의 느낌, 생각, 경험을 적절한 낱말과 문장으로 말한다.</td></tr>
<tr><td></td><td colspan="2">주제를 정하여 함께 이야기를 나눈다.</td></tr>
<tr><td></td><td>이야기를 지어 말한다.</td><td>이야기 지어 말하기를 즐긴다.</td></tr>
<tr><td rowspan="3">상황에 맞게 바른 태도로 말하기</td><td></td><td colspan="2">듣는 사람의 생각과 느낌을 고려하여 말한다.</td></tr>
<tr><td>상대방을 바라보며 말한다.</td><td>차례를 지켜 말한다.</td><td>때와 장소, 대상에 알맞게 말한다.</td></tr>
<tr><td colspan="3">바르고 고운 말을 사용한다.</td></tr>
<tr><td rowspan="5">읽기</td><td rowspan="2">읽기에 흥미 가지기</td><td colspan="2">주변에서 친숙한 글자를 찾아본다.</td><td>주변에서 친숙한 글자를 찾아 읽어 본다.</td></tr>
<tr><td colspan="2">읽어 주는 글의 내용에 관심을 가진다.</td><td>읽어 주는 글의 내용에 관심을 가지고 읽어 본다.</td></tr>
<tr><td rowspan="3">책 읽기에 관심 가지기</td><td>책에 흥미를 가진다.</td><td colspan="2">책 보는 것을 즐기고 소중하게 다룬다.</td></tr>
<tr><td>책의 그림을 단서로 내용을 추측해 본다.</td><td colspan="2">책의 그림을 단서로 내용을 이해한다.</td></tr>
<tr><td></td><td colspan="2">궁금한 것을 책에서 찾아본다.</td></tr>
<tr><td rowspan="4">쓰기</td><td rowspan="3">쓰기에 관심 가지기</td><td>말을 글로 나타내는 것에 관심을 보인다.</td><td colspan="2">말이나 생각을 글로 나타낼 수 있음을 안다.</td></tr>
<tr><td>자기 이름의 글자에 관심을 가진다.</td><td>자기 이름을 써 본다.</td><td>자신의 이름과 주변의 친숙한 글자를 써 본다.</td></tr>
<tr><td></td><td>자신의 느낌, 생각, 경험을 글자와 비슷한 형태로 표현한다.</td><td>자신의 느낌, 생각, 경험을 글자와 비슷한 형태나 글자로 표현한다.</td></tr>
<tr><td>쓰기 도구 사용하기</td><td></td><td>쓰기 도구에 관심을 가지고 사용해 본다.</td><td>쓰기 도구의 바른 사용법을 알고 사용한다.</td></tr>
</table>

출처: 교육부 · 보건복지부(2013). 3-5세 연령별 누리과정해설서.

사회관계

목표: 자신을 존중하고 다른 사람과 더불어 생활하는 능력과 태도를 기른다.

1. 나를 알고 존중하기 – 자신을 소중히 여기며 자율성을 기른다.
2. 나와 다른 사람의 감정 알고 조절하기 – 자신과 타인의 감정을 알고, 자신의 감정을 적절하게 표현하고 조절한다.
3. 가족을 소중히 여기기 – 가족과 화목하게 지내며 서로 협력한다.
4. 다른 사람과 더불어 생활하기 – 친구, 공동체 구성원들과 서로 돕고, 예의·규칙 등 사회적 가치를 알고 지킨다.
5. 사회에 관심 갖기 – 우리 동네, 우리나라, 다른 나라에 관심을 가진다.

<table>
<tr><th>내용 범주</th><th>내용</th><th>3세</th><th>4세</th><th>5세</th></tr>
<tr><td rowspan="5">나를 알고 존중하기</td><td rowspan="3">나를 알고, 소중히 여기기</td><td>나에 대해 관심을 갖는다.</td><td colspan="2">나에 대해 알아본다.</td></tr>
<tr><td>나와 다른 사람의 차이에 관심을 갖는다.</td><td>나와 다른 사람의 차이점을 알아본다.</td><td>나와 다른 사람의 신체적, 사회적, 문화적 차이를 존중한다.</td></tr>
<tr><td>나를 소중하게 여긴다.</td><td colspan="2">나에 대해 긍정적으로 생각하고 나를 소중하게 여긴다.</td></tr>
<tr><td rowspan="2">나의 일 스스로 하기</td><td>내가 할 수 있는 일을 알아본다.</td><td>내가 할 수 있는 일을 해 본다.</td><td>내가 할 수 있는 일을 스스로 한다.</td></tr>
<tr><td>내가 하고 싶은 일을 선택해 본다.</td><td colspan="2">하고 싶은 일을 계획하고 해 본다.</td></tr>
<tr><td rowspan="3">나와 다른 사람의 감정 알고 조절하기</td><td rowspan="2">나와 다른 사람의 감정 알고 표현하기</td><td>자신에게 여러 가지 감정이 있음을 안다.</td><td colspan="2">자신의 감정을 알고 표현한다.</td></tr>
<tr><td>다른 사람의 감정에 관심을 갖는다.</td><td>다른 사람의 감정을 안다.</td><td>다른 사람의 감정을 알고 공감한다.</td></tr>
<tr><td>나의 감정 조절하기</td><td colspan="2">자신의 감정을 조절해 본다.</td><td>자신의 감정을 상황에 맞게 조절한다.</td></tr>
<tr><td rowspan="2">가족을 소중히 여기기</td><td rowspan="2">가족과 화목하게 지내기</td><td colspan="2">가족의 소중함을 안다.</td><td>가족의 의미와 소중함을 안다.</td></tr>
<tr><td></td><td></td><td>가족과 화목하게 지낸다.</td></tr>
</table>

사회관계				
내용범주	내용	3세	4세	5세
가족을 소중히 여기기	가족과 협력하기	가족 구성원을 알아본다.	가족 구성원의 역할에 대해 알아본다.	다양한 가족구조에 대해 알아본다.
		가족을 위하여 내가 할 수 있는 일을 알아본다.	가족을 위하여 내가 할 수 있는 일을 알아보고 실천한다.	가족은 서로 도와야 함을 알고 실천한다.
다른 사람과 더불어 생활하기	친구와 사이좋게 지내기	친구와 함께 놀이한다.	친구와 협동하며 놀이한다.	
		나와 친구의 의견에 차이가 있음을 안다.	친구와의 갈등을 긍정적인 방법으로 해결한다.	
	공동체에서 화목하게 지내기		도움이 필요할 때 다른 사람과 도움을 주고받는다.	다른 사람과 도움을 주고받고, 서로 협력한다.
		교사 및 주변 사람과 화목하게 지낸다.		
	사회적 가치를 알고 지키기		정직하게 말하고 행동한다.	
		다른 사람의 소유물을 존중한다.	다른 사람의 생각, 행동을 존중한다.	다른 사람을 배려하여 행동한다.
			친구와 어른께 예의 바르게 행동한다.	
		약속과 규칙을 지켜야 함을 안다.	다른 사람과 한 약속이나 공공규칙을 지킨다.	
			자연과 자원을 아끼는 습관을 기른다.	
사회에 관심 갖기	지역사회에 관심 갖고 이해하기	우리 동네의 이름을 안다.	우리 동네에 대해 알아본다.	
		우리 동네 사람들에 관심을 갖는다.	우리 동네 사람들이 하는 일에 관심을 갖는다.	다양한 직업에 관심을 갖는다.
			물건을 살 때 돈이 필요함을 안다.	일상생활에서 돈의 쓰임에 대해 안다.

<table>
<tr><th colspan="5">사회관계</th></tr>
<tr><th>내용
범주</th><th>내용</th><th>3세</th><th>4세</th><th>5세</th></tr>
<tr><td rowspan="5">사회에
관심
갖기</td><td rowspan="3">우리나라에
관심 갖고
이해하기</td><td>우리나라를 상징하는
것에 관심을 가진다.</td><td>우리나라를 상징하는
것을 안다.</td><td>우리나라를 상징하는
것을 알고 예절을 지킨다.</td></tr>
<tr><td colspan="2">우리나라의 전통놀이와 풍습에 관심을 갖는다.</td><td>우리나라의 전통, 역사,
문화에 관심을 갖는다.</td></tr>
<tr><td></td><td colspan="2">우리나라에 대해 자부심을 갖는다.</td></tr>
<tr><td rowspan="2">세계와 여러
문화에 관심
가지기</td><td></td><td>세계 여러 나라에 대해
관심을 갖는다.</td><td>세계 여러 나라에 대해
관심을 갖고, 서로
협력해야 함을 안다.</td></tr>
<tr><td></td><td>다양한 인종과 문화에
관심을 갖는다.</td><td>다양한 인종과 문화를
알아보고 존중한다.</td></tr>
</table>

출처: 교육부·보건복지부(2013). 3-5세 연령별 누리과정해설서.

예술경험

목표: 아름다움에 관심을 가지고 예술경험을 즐기며, 창의적으로 표현하는 능력을 기른다.

1. 아름다움 찾아보기 – 자연과 주변 환경에서 발견한 아름다움과 예술적 요소에 관심을 갖고 탐색한다.
2. 예술적 표현하기 – 자신의 생각과 느낌을 음악, 움직임과 춤, 미술, 극놀이를 통해 창의적으로 표현하는 것을 즐긴다.
3. 예술 감상하기 – 자연과 다양한 예술 작품을 감상하며, 풍부한 감성과 심미적 태도를 기른다.

<table>
<tr><th>내용 범주</th><th>내용</th><th>3세</th><th>4세</th><th>5세</th></tr>
<tr><td rowspan="3">아름다움 찾아보기</td><td>음악적 요소 탐색하기</td><td colspan="2">다양한 소리, 음악의 셈여림, 빠르기, 리듬 등에 관심을 갖는다.</td><td>다양한 소리, 악기 등으로 음악의 셈여림, 빠르기, 리듬 등을 탐색한다.</td></tr>
<tr><td>움직임과 춤 요소 탐색하기</td><td colspan="2">움직임과 춤의 모양, 힘, 빠르기 등에 관심을 갖는다.</td><td>움직임과 춤의 모양, 힘, 빠르기, 흐름 등을 탐색한다.</td></tr>
<tr><td>미술적 요소 탐색하기</td><td colspan="2">자연과 사물의 색, 모양, 질감 등에 관심을 갖는다.</td><td>자연과 사물에서 색, 모양, 질감, 공간 등을 탐색한다.</td></tr>
<tr><td rowspan="7">예술적 표현 하기</td><td rowspan="4">음악으로 표현하기</td><td>간단한 노래를 듣고 따라 부른다.</td><td colspan="2">노래로 자신의 생각과 느낌을 표현한다.</td></tr>
<tr><td colspan="3">전래동요를 즐겨 부른다.</td></tr>
<tr><td>리듬악기로 간단한 리듬을 표현해 본다.</td><td colspan="2">리듬악기를 연주해 본다.</td></tr>
<tr><td colspan="2">간단한 리듬과 노래를 즉흥적으로 만들어 본다.</td><td>리듬과 노래 등을 즉흥적으로 만들어 본다.</td></tr>
<tr><td rowspan="3">움직임과 춤으로 표현하기</td><td colspan="2">신체를 이용하여 주변의 움직임을 자유롭게 표현한다.</td><td>신체를 이용하여 주변의 움직임을 다양하게 표현하며 즐긴다.</td></tr>
<tr><td colspan="3">움직임과 춤으로 자신의 생각과 느낌을 표현한다.</td></tr>
<tr><td colspan="2">도구를 활용하여 다양한 움직임으로 표현한다.</td><td>다양한 도구를 활용하여 창의적으로 움직인다.</td></tr>
</table>

<table>
<tr><th colspan="5">예술경험</th></tr>
<tr><th>내용 범주</th><th>내용</th><th>3세</th><th>4세</th><th>5세</th></tr>
<tr><td rowspan="7">예술적 표현 하기</td><td rowspan="3">미술 활동으로 표현하기</td><td>다양한 미술활동을 경험해 본다.</td><td colspan="2">다양한 미술활동으로 자신의 생각과 느낌을 표현한다.</td></tr>
<tr><td></td><td>협동적인 미술활동에 참여한다.</td><td>협동적인 미술활동에 참여하여 즐긴다.</td></tr>
<tr><td>미술활동에 필요한 재료와 도구에 관심을 가지고 사용한다.</td><td colspan="2">미술활동에 필요한 재료와 도구를 다양하게 사용한다.</td></tr>
<tr><td rowspan="2">극놀이로 표현하기</td><td>일상생활의 경험을 극놀이로 표현한다.</td><td>일상생활의 경험이나 간단한 이야기를 극놀이로 표현한다.</td><td>경험이나 이야기를 극놀이로 표현한다.</td></tr>
<tr><td></td><td colspan="2">소품, 배경, 의상 등을 사용하여 협동적으로 극놀이를 한다.</td></tr>
<tr><td rowspan="2">통합적으로 표현하기</td><td></td><td colspan="2">음악, 움직임과 춤, 미술, 극놀이 등을 통합하여 표현한다.</td></tr>
<tr><td colspan="2">예술 활동에 참여하여 표현과정을 즐긴다.</td><td>예술 활동에 참여하여 창의적으로 표현하는 과정을 즐긴다.</td></tr>
<tr><td rowspan="3">예술 감상 하기</td><td rowspan="2">다양한 예술 감상하기</td><td>다양한 음악, 춤, 미술작품, 극놀이 등을 듣거나 본다.</td><td colspan="2">다양한 음악, 춤, 미술작품, 극놀이 등을 듣거나 보고 즐긴다.</td></tr>
<tr><td colspan="3">나와 다른 사람의 예술 표현을 소중히 여긴다.</td></tr>
<tr><td>전통예술 감상하기</td><td colspan="2">우리나라의 전통예술에 관심을 갖는다.</td><td>우리나라의 전통예술에 관심을 갖고 친숙해진다.</td></tr>
</table>

출처: 교육부 · 보건복지부(2013). 3-5세 연령별 누리과정해설서.

자연탐구

목표: 호기심을 가지고 주변 세계를 탐구하며, 일상생활에서 수학적·과학적으로 생각하는 능력과 태도를 기른다.

1. 탐구하는 태도 기르기 – 주변의 사물과 자연 세계에 대해 알고자 하는 호기심을 가지고 탐구하는 태도를 기른다.
2. 수학적 탐구하기 – 생활 속의 여러 상황과 문제를 논리·수학적으로 이해하고 해결하기 위한 기초능력을 기른다.
3. 과학적 탐구하기 – 주변의 관심 있는 사물과 생명체 및 자연현상을 탐구하기 위한 기초능력을 기른다.

내용범주	내용	3세	4세	5세
탐구하는 태도 기르기	호기심을 유지하고 확장하기	주변 사물과 자연세계에 대해 호기심을 갖는다.	주변 사물과 자연세계에 대해 지속적으로 호기심을 갖는다.	주변 사물과 자연세계에 대해 지속적으로 호기심을 갖고 알고자 한다.
	탐구과정 즐기기	궁금한 점을 알아보는 과정에 흥미를 갖는다.	궁금한 점을 알아보는 탐구과정에 관심을 가지고 참여한다.	궁금한 점을 알아보는 탐구과정에 참여하고 즐긴다.
				탐구과정에서 서로 다른 생각에 관심을 갖는다.
	탐구기술 활용하기		일상생활의 문제를 해결하는 과정에서 탐색, 관찰 등의 방법을 활용해 본다.	일상생활의 문제를 해결하는 과정에서 탐색, 관찰, 비교, 예측 등의 탐구기술을 활용해 본다.
수학적 탐구하기	수와 연산의 기초개념 알아보기	생활 속에서 수에 관심을 갖는다.	생활 속에서 사용되는 수의 여러 가지 의미를 안다.	
		구체물 수량의 많고 적음을 비교한다.	구체물 수량에서 '같다', '더 많다', '더 적다'의 관계를 안다.	구체물 수량의 부분과 전체 관계를 알아본다.
		다섯 개 가량의 구체물을 세어 보고 수량에 관심을 갖는다.	열 개 가량의 구체물을 세어 보고 수량을 알아본다.	스무 개 가량의 구체물을 세어 보고 수량을 알아본다.

<table>
<tr><th colspan="5">자연탐구</th></tr>
<tr><th>내용 범주</th><th>내용</th><th>3세</th><th>4세</th><th>5세</th></tr>
<tr><td rowspan="12">수학적 탐구하기</td><td>수와 연산의 기초개념 알아보기</td><td></td><td></td><td>구체물을 가지고 더하고 빼는 경험을 해 본다.</td></tr>
<tr><td rowspan="4">공간과 도형의 기초개념 알아보기</td><td>나를 중심으로 앞, 뒤, 옆, 위, 아래를 알아본다.</td><td colspan="2">위치와 방향을 여러 가지 방법으로 나타내 본다.</td></tr>
<tr><td></td><td></td><td>여러 방향에서 물체를 보고 그 차이점을 비교해 본다.</td></tr>
<tr><td>물체의 모양에 관심을 갖는다.</td><td>기본 도형의 특성을 인식한다.</td><td>기본 도형의 공통점과 차이점을 알아본다.</td></tr>
<tr><td></td><td colspan="2">기본도형을 사용하여 여러 가지 모양을 구성해 본다.</td></tr>
<tr><td rowspan="2">기초적인 측정하기</td><td>두 물체의 길이, 크기를 비교해 본다.</td><td>일상생활에서 길이, 크기, 무게 등을 비교해 본다.</td><td>일상생활에서 길이, 크기, 무게, 들이 등의 속성을 비교하고, 순서를 지어 본다.</td></tr>
<tr><td></td><td></td><td>임의 측정 단위를 사용하여 길이, 면적, 들이, 무게 등을 재 본다.</td></tr>
<tr><td rowspan="2">규칙성 이해하기</td><td>생활 주변에서 반복되는 규칙성에 관심을 갖는다.</td><td>생활 주변에서 반복되는 규칙성을 알아본다.</td><td>생활 주변에서 반복되는 규칙성을 알고 다음에 올 것을 예측해 본다.</td></tr>
<tr><td></td><td>반복되는 규칙성을 인식하고 모방한다.</td><td>스스로 규칙성을 만들어 본다.</td></tr>
<tr><td rowspan="3">기초적인 자료 수집과 결과 나타내기</td><td></td><td colspan="2">필요한 정보나 자료를 수집한다.</td></tr>
<tr><td>같은 것끼리 짝을 짓는다.</td><td>한 가지 기준으로 자료를 분류해 본다.</td><td>한 가지 기준으로 분류한 자료를 다른 기준으로 재분류해 본다.</td></tr>
<tr><td></td><td></td><td>그림, 사진, 기호나 숫자를 사용해 그래프로 나타내 본다.</td></tr>
</table>

자연탐구				
내용범주	내용	3세	4세	5세
과학적 탐구하기	물체와 물질 알아보기	친숙한 물체와 물질의 특성에 관심을 갖는다.	친숙한 물체와 물질의 특성을 알아본다.	주변의 여러 가지 물체와 물질의 기본 특성을 알아본다.
			물체와 물질을 여러 가지 방법으로 변화시켜 본다.	
	생명체와 자연환경 알아보기	나의 출생과 성장에 대해 관심을 갖는다.		나와 다른 사람의 출생과 성장에 대해 알아본다.
		주변의 동식물에 관심을 가진다.	관심 있는 동식물의 특성을 알아본다.	관심 있는 동식물의 특성과 성장 과정을 알아본다.
		생명체를 소중히 여기는 마음을 갖는다.		
			생명체가 살기 좋은 환경에 대해 관심을 갖는다.	생명체가 살기 좋은 환경과 녹색환경에 대해 알아본다.
	자연현상 알아보기	돌, 물, 흙 등 자연물에 관심을 갖는다.	돌, 물, 흙 등 자연물의 특성과 변화를 알아본다.	
				낮과 밤, 계절의 변화와 규칙성을 알아본다.
		날씨에 관심을 갖는다.	날씨와 기후변화에 관심을 갖는다.	날씨와 기후변화 등 자연현상에 대해 관심을 갖는다.
	간단한 도구와 기계 활용하기	생활 속에서 간단한 도구와 기계에 관심을 갖는다.	생활 속에서 간단한 도구와 기계를 활용한다.	
		도구와 기계의 편리함에 관심을 갖는다.		변화하는 새로운 도구와 기계에 관심을 갖고 장·단점을 안다.

출처: 교육부·보건복지부(2013). 3-5세 연령별 누리과정해설서.

3. 창의성 교육의 요소 및 하위내용

요소	하위내용	세부내용	지도방법
인지적 요소	사고의 확장	확산적 사고	• 이야기 상상하기 • 상상하여 발문하기 • 관련성이 없는 것(사물)들의 연결점 찾기 • 사물의 다양한 용도 생각해보기
		상상력/시각화 능력	
		유추/은유적 사고	
	사고의 수렴	논리/분석적 사고	• 자료의 물리적 특성 탐색하기 • 궁금한 것 질문하기 • 생각을 정리해 보기
		비판적 사고	
	문제 해결력	문제발견	• 일상생활 속에서 불편한 점 찾아보기 • 문제해결 방법 생각해 보기 • 궁금한 점 찾기 • 사물 변별/분류하기 • (문제발견을 위한) 사물 관찰하기
		문제해결	
성향적 요소	개방성	다양성	• 약속에 대해 알아보기 • 사람마다 생각과 감정이 다르다는 것을 알기
		복합적 성격	
		애매모호함에 대한 참을성	
		감수성	
	독립성	용기	• 주도적 계획 짜기 • 하고 싶은 일(활동) 선택하기 • 다른 각도나 시각으로 보기 (다양한 용도 찾아보기)
		자율성	
		독창성	
동기적 요소	호기심, 흥미		• 다양한 경험을 통하여 사물이나 사건에 대한 궁금증 가지기 • 흥미롭거나 궁금한 점에 대하여 지속적으로 탐색하기 • 궁금한 것을 알 수 있는 방법을 생각해 보고 실천하기
	몰입		• 한 가지 일에 몰두하여 참여하기 • 계획한 일은 끝까지 실천하기

출처: 교육과학기술부(2013). 3세 누리과정 교사용지도서 제1권 총론, 유치원/어린이집과 친구.

4. 인성 교육의 요소 및 하위내용

요소	정의	하위내용
배려	타인의 필요와 요구에 민감하게 반응, 공감하는 것	• 친구에 대한 배려
		• 가족에 대한 배려
		• 이웃에 대한 배려
		• 동식물에 대한 배려
존중	사람이나 사물은 기본적으로 그들의 존재만으로 존중할 가치가 있음을 인식하고, 그 가치에 대하여 소중히 여기는 것	• 자신과 전통 문화에 대한 존중
		• 다른 사람들과 다른 문화에 대한 존중
		• 생명과 환경에 대한 존중
협력	2명 이상의 구성원이 공동의 목표를 설정하고, 이를 달성하기 위하여 개인적 책임을 다하고 서로 조언 및 조력을 주고받는 것	• 긍정적인 상호의존성(도움 주고받기, 의견·정보·자료를 공유하기, 친밀감 형성하기)
		• 개인적 책임감(내 역할 인식하기, 역할 완수하기, 책임감 갖기)
		• 집단 협력(공동의 노력과정 평가하기)
나눔	자기 스스로 우러난 마음에서 남을 돕기 위하여 하는 일로, 대가를 바라지 않고 지속적으로 도와주는 것	• 나눔의 의미 알기
		• 나눔을 실천하기
		• 나눔에 참여하기
질서	민주주의 사회에서 책임감 있는 민주시민으로서 살아가기 위해 필요한 사회규범을 지키는 것	• 기초질서(자기의 순서나 차례를 지켜야 하는 질서)
		• 법질서(교통질서와 같이 국가의 법률이나 규칙을 지켜야 하는 질서)
		• 사회질서(사회의 여러 요소와 집단이 조화롭게 균형을 이루는 질서)
효	자식으로서 인간된 도리를 충실히 하는 것	• 부모에 대한 효
		• 조부모에 대한 효
		• 지역사회 어른에 대한 효

출처: 교육과학기술부(2013). 3세 누리과정 교사용지도서 제1권 총론: 유치원/어린이집과 친구.

5. 교사의 좌우명

1. 입을 무겁게 가져라. 항상 말을 적게 하고 생각을 많이 하라.
2. 약속을 적게 하고 무슨 일이 있어도 약속한 것은 충실히 이행하라.
3. 남에게 친절과 격려의 말을 해 줄 기회를 결코 잃지 말라. 훌륭한 일이라면 누가 했든 칭찬할 줄 알아야 한다.
4. 남에게 관심을 가져라. 즐거워하는 사람과 같이 즐거워하고 슬퍼하는 사람과 함께 슬퍼하라. 네가 대하는 사람들에게 그로 하여금 네가 존경하고 있다는 것을 알게 하라.
5. 유쾌한 마음을 가져라. 항상 입가에 웃음을 띠어라.
6. 모든 문제는 넓은 심정으로 대하라. 협의는 하되 논쟁은 하지 말라.
7. 너에게 덕이 있다면 그것이 스스로 나타나게 하며 결코 다른 사람의 부덕을 말하지 말라. 쓸데없는 말을 삼가라. 남의 허물을 말하지 말라.
8. 너에 대한 나쁜 평판을 개의치 말라. 그리고 다만 아무도 그 평판을 믿지 않도록 아무 일도 없는 듯이 단순히 생활하라.

\- 윌리엄 E. 기브스

출처: 정태시(1962). 교사론 노우트, 재인용.

참고 문헌

교육과학기술부(2013). 3세 누리과정 교사용 지도서 제1권 총론: 유치원/어린이집과 친구. 서울: 교육과학기술부.

교육부 · 보건복지부(2013). 3-5세 연령별 누리과정 해설서. 세종: 교육부 · 보건복지부.

교육부(2016). 교원자격검정령 시행규칙.

교육부(2017). 교원자격검정 실무편람.

교육인적자원부(2001). 유치원 교사 교육프로그램.

구미대학교 유아교육과 실습지침서.

김경의 · 임양금 · 박유미(2015). 유아교육기관 실습. 경기: 공동체.

김정순(1999). 유아신체표현. 서울: 학문사.

김주건 · 조은미(1995). 교육실습. 서울: 창지사.

나귀옥 · 김경희 · 곽정인(2014). 보육실습. 서울: 학지사.

박은혜 · 조운주(2016). 반성적 실천을 위한 유아교육실습. 서울: 창지사.

보건복지부(2012). 어린이집 원장 · 보육교사 자격검정 업무편람.

보건복지부(2016). 영유아보육법 시행규칙.

육아정책연구소(2016). 보육교사 양성과정 및 보육실습 매뉴얼 연구보고서. 육아정책연구소.

윤기영 · 정현숙 · 류칠선 · 조인경 · 신현주 · 신은희(2011). 유아교육실습. 경기: 양서원,

윤기영(2006). 유아교육실습 지도서. 경기: 양서원.

이대균 · 이선정 · 임자영 · 박지선(2009). 교사 효능감 증진을 위한 유아교육실습. 경기: 공동체.

이현순(2010). 유아교육실습의 실제. 경기: 양서원.

임채식 · 채종옥 · 이경희 · 이시자 · 임은숙(2005). 유아교육실습. 서울: 창지사.

정연희 · 오임숙 · 이은숙(2013). 예비 유아교사를 위한 교육 · 보육 실습. 서울: 창지사.

정태시(1965). 교사론 노우트. 서울: 삼화출판사.

한국보육진흥원(2013). 양성 교육기관에서의 보육실습 지도.

한국보육진흥원(2017). 보육교사 자격취득을 위한 보육실습 기준 변경사항.

Johnson, J. A. (1974). *A brief history of student teaching preschool education* (ed.), R. W. Colvin & E. M. Zaffiro. New York: Springer Publishing Company.

Petersen, E. A. (2003). *Early childhood curriculum: Linking thematic, emergent, and skill-based planning to children's outcome(2nd edition)*. Boston: Allyn & Bacon.

교육부 홈페이지. www.moe.go.kr 에서 검색.

법제처 홈페이지. www.moleg.go.kr 에서 검색.

중앙육아종합지원센터 홈페이지. central.childcare.go.kr 에서 검색.

한국보육진흥원 홈페이지. www.kcpi.or.kr 에서 검색.

저자 소개

저자 **강명화**

구미대학교 유아교육과 교수
한국유아교육학회 대구·경북지부 이사

[저서]
영유아발달(2017)

예비 유아교사를 위한
유아교육실습

초판 1쇄 인쇄 2017년 2월 20일
초판 1쇄 발행 2017년 2월 27일

지 은 이 | 강명화
펴 낸 이 | 김기섭
편 집 인 | 김민수
펴 낸 곳 | 창지사 www.changjisa.com
08589 서울시 금천구 가산디지털 1로 83 파트너스타워 1차 9층
전화 (02) 719-2211~3
팩스 (02) 701-9386
등 록 | 1977년 4월 28일 · 제1-421호

ISBN 978-89-426-0937-6 (93370)

값 10,000원

「이 도서의 국립중앙도서관 출판예정도서목록(CIP)은 서지정보유통지원시스템 홈페이지(http://seoji.nl.go.kr)와 국가자료공동목록시스템(http://www.nl.go.kr/kolisnet)에서 이용하실 수 있습니다.(CIP제어번호: CIP2017018299)」